DUMONT

WANDERZEIT IM MÜNSTERLAND

Herrlich entspannte Touren zum Abschalten & Genießen

Mona Contzen

MONA CONTZEN

ÜBER MICH ↙

Hallo, ich bin Mona und ich reise seit über zehn Jahren als Journalistin durch die Welt. Für Magazine und Zeitungen bin ich schon (fast) überall gewandert – ob auf dem Jesus Trail durch Israel, zu den Orang-Utans auf Sumatra oder hinauf in die Inkastadt Machu Picchu. Mit der Geburt meiner Kinder habe ich die Schönheit vor der eigenen Haustür für mich entdeckt. Denn im Münsterland, so ganz ohne Höhenmeter, ist Wandern einfach am entspanntesten.

Meine persönliche Wanderweisheit:
» Alles unter 5000 Metern ist kein Berg, sondern ein Hügel (in Nepal gelernt).

LIEBE LESERIN, LIEBER LESER.

das Wichtigste zuerst: Das Münsterland ist flach, schweißtreibende Kletterpartien muss man hier beim Wandern nicht befürchten. Trotzdem gibt es meilenweite Fernsichten und auch mal ein Gipfelkreuz. Klingt verrückt? Bei den Westfalen geht es noch doller. Flamingos, karibische Lagunen, Schmugglertreffs – alles da, eingebettet in ein Landschaftsgemälde aus goldgelben Feldern, grünen Wiesen und schattigen Wäldern. Dazwischen mal ein Moor, mal blühende Heide, geschäftiges Treiben auf den Kanälen oder am Himmel über dem Vogelschutzgebiet, wilde Flussauen und offene Dünen. Und natürlich sind im Land der hundert Schlösser ein historischer Adelssitz oder eine schmucke Altstadt auch nie mehr als einen Steinwurf entfernt.

Eine herrlich entspannte Wanderzeit wünscht

Mona Contzen

INHALT

#1   **Brücken & Kanäle**   (7 km / 2 Std.)   Seite 14
Auf dem Bevergerner Pättken ins Nasse Dreieck bei Hörstel

#2   **Felsen mit Fernsicht**   (10,5 km / 3 Std.)   Seite 24
Auf der Teutoschleife zu den Dörenther Klippen

#3   **Romantik pur**   (10,9 km / 3 Std.)   Seite 34
Beim Burgstädtchen Tecklenburg durch den Teutoburger Wald

#4   **Reise in die Vergangenheit**   (13,8 km / 3 Std. 30)   Seite 44
Auf dem Mühlenrundweg durch Steinfurt

#5   **Waldluft & Canyonblick**   (12,3 km / 3 Std. 30)   Seite 54
Auf der Teutoschleife zum Lengericher Canyon

#6   **Rosa Rendezvous**   (10,8 km / 2 Std. 30)   Seite 64
Im Zwillbrocker Venn

#7   **Auf ins Vogelparadies**   (7,4 km / 2 Std.)   Seite 74
Durch die Münsteraner Rieselfelder

#8   **Dem Himmel so nah**   (15 km / 4 Std.)   Seite 84
Auf dem Ludgerusweg durch die Baumberge

#9   **Der Poesie auf der Spur**   (11,3 km / 3 Std.)   Seite 94
Auf dem Lyrikweg von Haus Rüschhaus nach Burg Hülshoff

#10   **Natur trifft Kultur**   (11,6 km / 3 Std.)   Seite 104
Vom Aasee hinein in Münsters Altstadt

Und sonst so?

» Unterwegs auf den schönsten Strecken … … Seite 6
» Alle Touren im Überblick … Seite 8
» … und auch Pause machen nicht vergessen … Seite 10
» Immer wissen, wo's langgeht (GPX-Download) … Seite 218
» Anti-Rucksack-Autsch-Übungen … Seite 222
» Die perfekte Tour … … Seite 224

#11 Lüneburger Heide in Klein (12,9 km / 3. Std. 30) … Seite 114
Von Telgte durch die Klatenberger Heide

#12 Pferdestadt am Fluss (12,5 km / 3 Std. 30) … Seite 124
Durch die Warendorfer Emsaue

#13 Grenzgeschichten (14 km / 3 Std. 30) … Seite 134
Zwischen Suderwick & Dinxperlo

#14 Gipfelglück auf 100 Metern (11,4 km / 3 Std. 30) … Seite 144
Zwischen Fliegerberg & Tannenbültenberg in Borken & Velen

#15 Waldwandern (9,2 km / 2 Std. 30) … Seite 154
Von Reken durch die Hohe Mark

#16 Moor mit Dschungelflair (10 km / 2 Std. 30) … Seite 164
Im Venner Moor bei Senden

#17 Fruchtige Auszeit (8,2 km / 2 Std.) … Seite 174
Auf dem Stromberger Pflaumenwanderweg

#18 Burgen & Bäche (10,4 km / 3 Std.) … Seite 184
Von Burg Vischering zur Burg Lüdinghausen

#19 Auf Tiersafari (9,8 km / 2 Std. 30) … Seite 194
Der Steverauenweg bei Olfen

#20 Ein Hauch von Karibik (15,4 km / 4 Std. 30) … Seite 204
Zur Blauen Lagune & auf den Höxberg in Beckum

UNTERWEGS AUF DEN SCHÖNSTEN STRECKEN ...

MÄRCHENHAFTES MOOR

>> Die eigenen Schritte pochen auf dem Bohlenweg, in dunklen Tümpeln spiegelt sich der Himmel. Im Venner Moor geht eines besonders gut: richtig abschalten. Tour 16, durchs Venner Moor Richtung Hof Grothues-Potthoff, S. 169

EIN HAUCH AMSTERDAM

>> Tulpen, ein schmaler Wassergraben, dazu eine winzige Zugbrücke: Rund ums Nonnenpättken hat Bevergern den Charme eines idyllischen Mini-Hollands. Tour 1, rund um Levedags Mühle, S. 21

C'EST LA VIE

>> Stippvisite in Südfrankreich: In den »Bergen« bei Borken läuft man unter schattigen Kiefern durch weichen Sand – fast als wäre man auf dem Weg zum Strand. Tour 14, zwischen Lünsberg-Eiche und Tannenbültenberg, S. 150/151

SUMM, SUMM, SUMM

>> Der Pfad am Kleeberg schlängelt sich durch blühende Sträucher, türkisgrünes Wasser glitzert im Canyon und das ganze Münsterland liegt einem zu Füßen. Tour 3, Naturschutzgebiet am Kleeberg zwischen Stopp 3 und 4, S. 39/40

DIE LUST AM ENTDECKEN

≫ Schmale Wege locken zwischen die Dörenther Klippen, hinter jedem Felsen wird die Aussicht spektakulärer. Hier inhaliert man die Weite mit jedem Atemzug. Tour 2, zwischen Hockendem Weib und Wanderparkplatz, S. 31

HERRLICH TROPISCH

≫ Ist das noch Deutschland? Die Inselwelt der Blauen Lagune macht der Karibik Konkurrenz und gleich darauf erinnert die Werse irgendwie stark an den Urwald. Tour 20, zwischen Blauer Lagune und Werse (Westpark), S. 209/210

BARFUSS-GLÜCK

≫ Blühende Heide und wunderbar warmer Sand unter den Füßen machen die Klatenberge zur kleinen Urlaubsoase. Hier kann man einfach mal die Ruhe genießen. Tour 11, in der Klatenberger Heide, S. 121

... UND AUCH PAUSE MACHEN NICHT VERGESSEN

HANS GUCK-IN-DIE-LUFT

» Treppengiebel, Wetterfahnen und Drachenköppe machen Warendorfs historisches Zentrum zum wohl schönsten Marktplatz des Münsterlands. Und ein Eis gibt's auch. Tour 12, Stopp 5, S. 131

SCHIFF AHOI

» Ein heißer Kaffee in der einen Hand, mit der anderen den großen Pötten auf dem Kanal winken: Am »Nassen Dreieck« fühlt man sich fast wie am Meer. Tour 1, Stopp 2, S. 19

RAUSCHENDE BALLNACHT

» Der Adel tanzt durch den Saal und draußen könnte jeden Moment eine Horde Ritter über die Zugbrücke stürmen. Auf Burg Vischering wird Geschichte lebendig! Tour 18, Stopp 1, S. 188

PICKNICK MIT STIL

» Wein, Lachs, Käse – was will man mehr? Beim Picknick im Landschaftsgarten von Burg Hülshoff kommt man sich vor wie in einer Jane-Austen-Verfilmung. Tour 9, Stopp 3, S. 99

FLATTER, FLATTER

» Wie viele Vögel passen auf einen See? Mehr als man zählen kann! Wie groß der Artenreichtum in den Rieselfeldern ist, zeigt der Aussichtsturm in luftiger Höhe. Tour 7, Stopp 4, S. 80

SOMMER, SONNE, SAND

» Die Beine im Sand ausstrecken oder die Füße vom Steg ins Wasser baumeln lassen: Bei einer Auszeit am Steverstrand kommt garantiert Urlaubsstimmung auf. Tour 19, Stopp 3, S. 199

RAUS AUFS WASSER

» Ganz entspannt am Ufer ein bisschen Großstadtflair inhalieren oder selbst mit dem Boot übers Wasser schaukeln – Münsters Aasee-Terrassen bieten beides. Tour 10, Stopp 5, S. 110

EINFACH LOSWANDERN

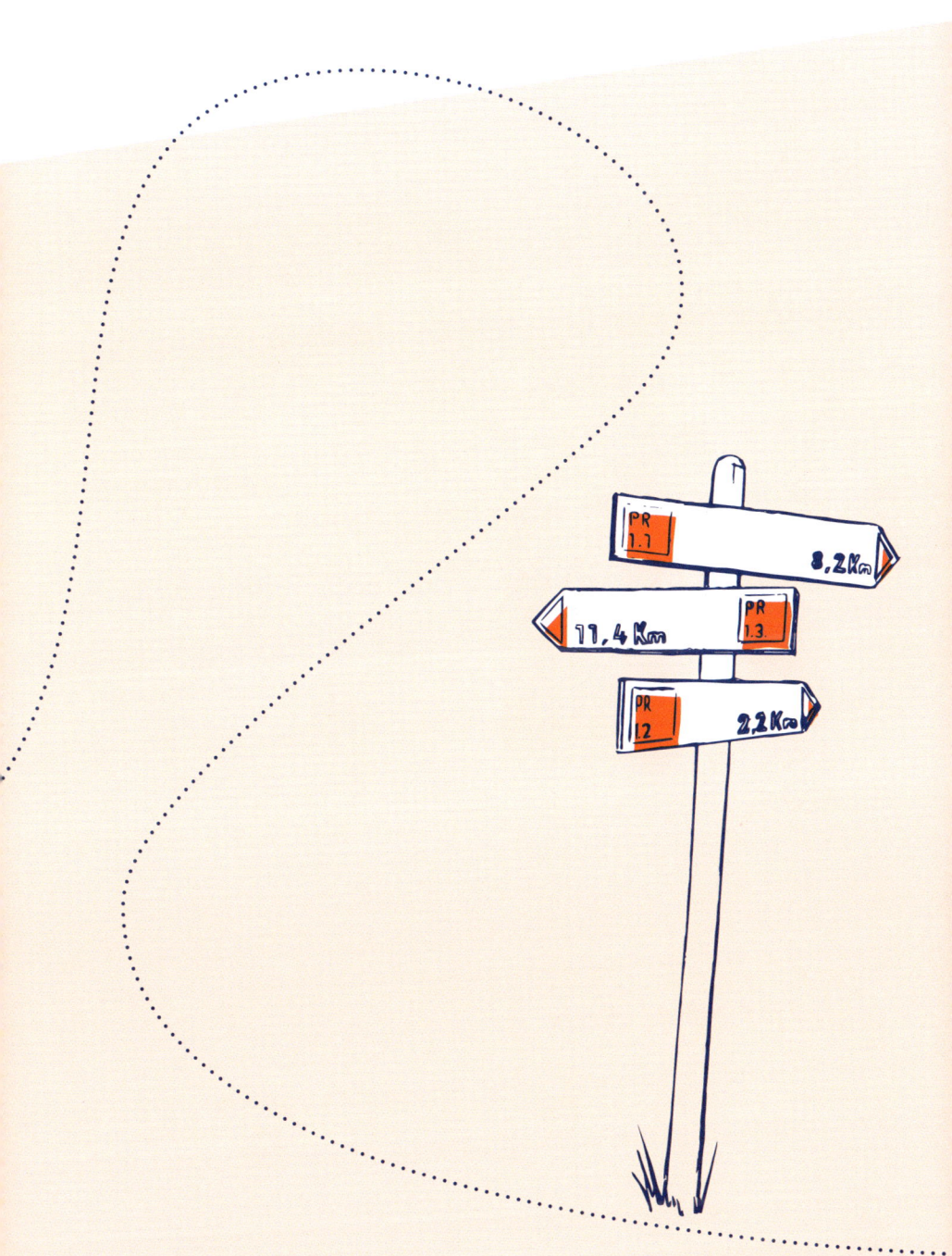

DIE WANDERPAUSEN

» START
Parkplatz »An der Schleuse«, Bevergern

KM 0,1
① Große Schleuse
Pötte gucken

KM 1
② »Nasses Dreieck«
Die Seele baumeln lassen

KM 3
③ Wanderliege
Entspannt fernsehen

1
BRÜCKEN & KANÄLE

Auf dem Bevergerner Pättken ins Nasse Dreieck bei Hörstel

Ein bisschen Amsterdam, ein bisschen Ostsee – Hauptsache Wasser! Hier fühlt man mal die Freiheit und die Weite, dann wird's plötzlich eng und romantisch. Pötte gucken, Enten beobachten. Wie vielfältig das nasse Element doch sein kann! Und etwas Wald ist zur Abwechslung auch noch dabei.

KM 4
4 Hexenhöhle
Fotostopp mit Gruselfaktor

KM 6
5 Levedags Mühle
Der Ortsgeschichte nachspüren

KM 7 » ZIEL
Parkplatz »An der Schleuse«, Bevergern

EIN SPEKTAKULÄRES SCHAUSPIEL ...

… gibt es gleich zum Auftakt: An der **Großen Schleuse** in Bevergern wird geklotzt, nicht gekleckert. Frachtschiffe fahren gut und gerne drei Stockwerke rauf oder runter, ehe sich die riesigen Stahltüren öffnen. Im Kanal stehen die Pötte Schlange, vom Uferweg kann man sie ganz aus der Nähe betrachten.

Der Bergeshöveder Steg scheint im Vergleich zur Technik aus der Zeit gefallen. Wie aus einer Filmkulisse spannt sich die über 100 Jahre alte Brücke aus Stahl und Holz über das grüne Wasser des Dortmund-Ems-Kanals. Dahinter, am **»Nassen Dreieck«**, zweigt der Mittellandkanal ab. Wenn der Wind die Oberfläche kräuselt, erinnert die Kreuzung fast ans Meer – Füße und Seele können hier baumeln, während man den Schiffen hinterher träumt.

SICH VON UNZÄHLIGEN DETAILS AM MERSCHGRABEN BEGEISTERN LASSEN

Erst funkelt zwischen den Buchen noch Wasser, bald beschäftigt der Wald die Sinne. Vögel zwitschern, die Sonne malt unentwegt neue Muster auf den Weg, am Rand blitzen Rapsfelder durchs Laub. Die Farben leuchten, als hätte jemand im Bildbearbeitungsprogramm den Regler hochgedreht. Die Hügel sind sanft, trotzdem kann es nicht schaden, die Beine ein wenig auf der **Wanderliege** auszustrecken.

Eine Kehre führt wieder zurück, aber der Wald wirkt jetzt anders. Ein schwarzer Tümpel taucht auf, genauso dunkel gähnt die **Hexenhöhle** in den Felsen. Wer sich traut, kann sich hindurchtasten – und sich dann wundern, wie nah der Märchenort am Wohngebiet liegt.

Welch ein Kontrast: Das Nonnenpättken, der alte Fluchtweg vom Kloster, leitet als kleine Allee am noch kleineren Bach entlang. Am Teich kreuzt eine Ente samt Küken den Weg. Dann wechselt das Wasser auf die andere Seite. Der Merschgraben ist kaum zwei Meter breit, aber da steht tatsächlich eine winzige Zugbrücke und versprüht einen Hauch von Amsterdam. Seerosenblätter schwimmen im Graben, **Levedags Mühle** spiegelt sich im Wasser. Idylle pur! Und wenn man wieder auf einen der Frachtkähne zuläuft, die vor der Schleuse warten, dann ist es, als käme man geradewegs aus dem Miniaturwunderland.

Ein Hauch Amsterdam in Bevergern.

Das Nonnenpättken ist nach den Stiftsdamen des Klosters Gravenhorst benannt.

An der Großen Schleuse ist ein Teil der alten Brücke ausgestellt.

WANDERN & GENIESSEN

»START
Parkplatz »An der Schleuse«, Bevergern

Den Parkplatz nach links verlassen und die Treppe zur Schleuse hinaufsteigen.

KM 0,1

Große Schleuse
Pötte gucken

Auch für Landratten ist es beeindruckend, einen Schleusenvorgang an der Großen Schleuse in Bevergern mitzuerleben. Die Anlage wurde schon 1914 in Betrieb genommen und Mitte der fünfziger Jahre modernisiert, sodass heute nur drei Arbeitskräfte zum Bedienen der 165 Meter langen Schleuse benötigt werden. Güterschiffe überwinden hier auf dem Dortmund-Ems-Kanal einen Höhenunterschied von gut acht Metern. Die Chancen, eines der Schiffe dabei zu beobachten, stehen gut: Mindestens stündlich werden Boote hinauf- oder hinunterbefördert, ein Schleusenvorgang dauert ungefähr 20 Minuten.

Weiter am Kanal entlang bis zur Wanderliege. Fußgängerbrücke und Schleuseninsel überqueren und rechter Hand dem Wasser folgen.

SCHLEUSENVORGANG ZUM STAUNEN

Freier Blick aufs »Nasse Dreieck« Die »Red Box« scheint über dem Wasser zu schweben.

Etwa stündlich fahren Schiffe in die Große Schleuse ein.

KM 1 · 2 »Nasses Dreieck«
Die Seele baumeln lassen

Am »Nassen Dreieck«, dem Zusammentreffen von Dortmund-Ems- und Mittellandkanal, kann man viel Zeit verbringen. Über den Bergeshöveder Steg – die filigrane und in Westfalen einmalige Stahlkonstruktion von 1914 ist ein tolles Fotomotiv – geht es zum Botschaftsgarten. Der als Schleuse gestaltete Ausstellungspavillon informiert über Geschichte und Technik der Wasserstraßen und führt geradewegs zur »Red Box«, die als Aussichtspunkt an der Spitze der Schleuseninsel beinahe über dem Wasser zu schweben scheint. Für die weitere Wanderung stärken kann man sich mit einem mitgebrachten Picknick auf einer der beiden Wanderliegen oder im Biergarten des Café Casa Nostra mit direktem Blick auf Wasser und Schiffe.

Der Linkskurve des Kanals folgen, dann die Treppe hoch und auf dem kleinen Pfad in den Wald. Scharf links abbiegen und weiter den Weg entlang.

Mitten auf dem Huckberg kann man auf der Wanderliege die Füße ausstrecken.

KM 3 · 3 Wanderliege
Entspannt fernsehen

Entlang des Bevergerner Pättkens stehen gleich mehrere Wanderliegen, eine der schönsten befindet sich mitten auf dem Huckberg. Im Rücken spendet der Wald angenehmen Schatten und über die ausgestreckten Füße hinweg hat man eine wunderbare Aussicht aufs Münsterland. Immerhin erreicht der Berg, der das westliche Ende des Teutoburger Waldes darstellt, eine stolze Höhe von 96 Metern. Und sollte die Wanderliege besetzt sein, gibt es als Trostpflaster hier und da ein paar Panoramapunkte, die sich im Stehen genießen lassen.

Immer geradeaus, dann der Spitzkehre nach links folgen. Ein Schild weist nach links zur Hexenhöhle.

Keine Hexen in Sicht. Aber der in die Felswand gewachsene Baum ist auch ein tolles Fotomotiv.

KM 4

4 Hexenhöhle
Fotostopp mit Gruselfaktor

Wildes Geheul, Hexen, die auf Besenstielen reiten, und mittendrin der Teufel samt Pferdefuß und Hörnern auf dem Kopf – so will ein Bevergerner der Sage nach die Walpurgisnacht auf dem Huckberg erlebt haben. Und einen gewissen Gruselfaktor kann man der Hexenhöhle auch heute nicht absprechen. Die 27,4 Meter lange Höhle mitten in einer Felswand aus gelblich-rötlichem Sandstein hat zwei Eingänge, wer sich traut, kann einmal hindurchgehen. Bei genauerem Hinsehen entdeckt man am Fels sogenannte Vermikulationen, dünne, unregelmäßige Ablagerungen, die wie Würmer aussehen. Besonders fotogen ist der Baum, der am oberen Eingang in die Felswand hineingewachsen ist.

In der Hexenhöhle ist es stockdunkel und auch ein bisschen gruselig.

Zurück zum Wegweiser, dann weiter der Beschilderung »Bevergerner Pättken« folgen. An der Schleuse vorbei nach rechts in die Allee und hinter dem Merschteich wieder rechts abbiegen.

EXTRA INFOS:

Wer die kurze Wanderung etwas erweitern möchte, kann einen Abstecher zum etwa zwei Kilometer entfernten ● **Kloster Gravenhorst** machen – übrigens die einzige noch vollständig erhaltene Klosteranlage im Norden Deutschlands. Heute gibt es hier neben den alten Gemäuern auch ein Klostercafé und das DA Kunsthaus, das mit wechselnden Ausstellungen, Kunst- und Geschichtsführungen sowie Konzertveranstaltungen lockt. (www.da-kunsthaus.de)

KM 6
5 Levedags Mühle
Der Ortsgeschichte nachspüren

KM 7 » ZIEL
Parkplatz »An der Schleuse«, Bevergern

Levedags Mühle erzählt viel über die Historie von Bevergern, wo das Tuch- und Wandmacheramt große Bedeutung hatte. 1804, nach mehr als hundertjährigem Streit mit dem Kloster Gravenhorst, konnte die Gilde ihre eigene Öl- und Walkemühle bauen. Der untere Teil war vermutlich ein alter Bastions- und Geschützturm, den man mit Material von der 1680 gesprengten Burg erweiterte. Betrieben wurde die Mühle nur bis 1923, dann verfiel das Gebäude in Besitz von Gerhard Levedag. Erst die neuen Eigentümer begannen in den siebziger Jahren mit der Restaurierung. Leider kann die Mühle nur von außen besichtigt werden, toll anzusehen ist das Ensemble samt Heuerlingshaus und Backhausspeicher aber allemal.

Über die kleine Brücke scharf rechts aufs Maibaumpättken abbiegen. Am Kanal nach rechts gehen, bis die Schleuse wieder in Sicht kommt.

Enten schwimmen im Merschgraben, Levedags Mühle spiegelt sich im Wasser – hach, ist das schön!

DIE WANDERPAUSEN

» START
Wanderparkplatz Dörenther Klippen

KM 2
① Kriegsgräberstätte
Stilles Gedenken am Ehrenfriedhof

KM 4,5
② Eisenquelle
Naturwissenschaft hautnah erleben

KM 5
③ Obstsortenmuseum Fliehbu[rg]
Eine Arche für Äpfel und Birnen

2
FELSEN MIT FERNSICHT

Auf der Teutoschleife zu den Dörenther Klippen

Im Teutoburger Wald geht es bergauf. Und bergauf. Die Belohnung? Stille Wälder, atemberaubende Ausblicke und bizarre Felsformationen, die ganz locker jedem Hochhaus Konkurrenz machen. Und eine waschechte Almhütte darf bei einer richtigen Bergtour natürlich auch nicht fehlen.

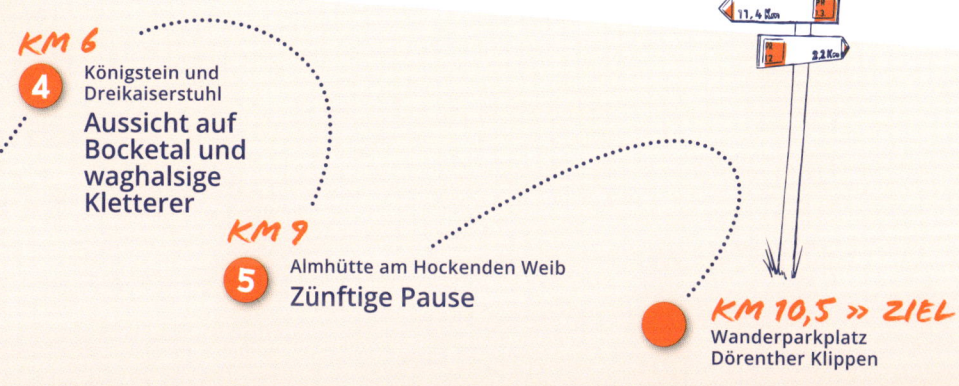

KM 6
4 Königstein und Dreikaiserstuhl
Aussicht auf Bocketal und waghalsige Kletterer

KM 9
5 Almhütte am Hockenden Weib
Zünftige Pause

KM 10,5 » ZIEL
Wanderparkplatz Dörenther Klippen

AUF ENTDECKUNGSTOUR GEHEN

Der Wanderparkplatz schmiegt sich an bauchige Hügel: Dass hier ein paar Höhenmeter warten, ist gleich klar. Aber was soll's? Die Füße federn auf weichem Waldboden, graben sich in noch weicheren Sand. Jeder Schritt ein Motivationsschub. Nadelbäume mischen sich unter die Buchen, Spaziergänger:innen unter die Wandernden. Erst mit dem Anstieg zum **Ehrenfriedhof** wird es einsamer. Moos kriecht an den Bäumen empor, Pilze kleben wie Vogelnester an den Stämmen, Farn steht am Weg. Schnell den Gedanken wegschieben an die Soldaten, die sich hier durchkämpfen mussten, und lieber dem eigenen Rhythmus nachspüren.

Steine und Wurzeln führen bergab, als würde man durch ein Bachbett gehen. Wandernde haben kleine Türme gebaut – Karikaturen der tonnenschweren Felsen, die immer öfter in die Landschaft gestreut sind. Dazwischen schlägt die Natur über die Stränge: Ein schimmernder Käfer krabbelt über gelbe Pilze, die **Eisenquelle** fließt als lehmrote Ader durchs Grün, Bäume spannen ihre Wurzeln wie Spinnenbeine über den Hang.

WENN EINE BANK SO IM HANG STEHT, DASS MAN WIE EIN KIND DIE BEINE BAUMELN LASSEN KANN

Am Rand von Brochterbeck wird es mit einem Mal warm und hell. Sonne tanken! Der Picknickplatz am **Obstsortenmuseum Fliehburg** mit seinen fruchtigen Wiesen duftet nach überreifen Äpfeln. Die meisten Höhenmeter warten noch: Zum **Königstein und zum Dreikaiserstuhl** geht es steil bergauf. Schweißtreibend, aber nicht lang genug, um die Lust zu verlieren. Die Sandsteinfelsen, die plötzlich den Weg versperren, sehen aus wie gefaltet. Die Aussicht aufs Bocketal dahinter, auf den Wald und die Hügel: atemberaubend. Da versuchen ein paar Kids glatt zu jodeln.

Die Rufe begleiten den Abstieg, bis nur noch die eigenen Schritte auf dem feuchten Boden schmatzen. Am Waldrand leuchten die Wiesen, bis Bäume und Berge die Farbe schlucken. Der letzte Anstieg gipfelt in einer alpinen Belohnung: Die **Almhütte am Hockenden Weib** kommt mit viel Holz, Geweih und Brezn daher. Von der Aussichtsterrasse noch einmal die Weite inhalieren, dann auf der Suche nach dem sagenumwobenen Felsen hinter jeden Steinblock sehen. Hier fühlt man sich nicht als Gipfelstürmer, hier ist man Entdeckerin – mindestens den ganzen Weg bergab, zurück zum Wanderparkplatz.

WANDERN & GENIESSEN

● **» START**
Wanderparkplatz Dörenther Klippen

Dem Hinweisschild »Zuweg Dörenther Klippen« folgen. Dann weiter Richtung Ehrenfriedhof.

KM 2

① Kriegsgräberstätte
Stilles Gedenken am Ehrenfriedhof

Auf dem Ehrenfriedhof werden die Schrecken des Kriegs greifbar.

Die Geschichte lässt schaudern: Gegen Ende des Zweiten Weltkriegs bringen britische Einheiten über 400 Geschütze im Birgter Feld in Stellung, alliierte Panzerverbände formieren sich am Teutoburger Wald. Die 3000 deutschen Soldaten, die am 2. April 1945 das Gebiet der Dörenther Klippen erreichen, haben dem nicht viel entgegenzusetzen. Noch am selben Abend fallen 17 der insgesamt 29 auf der Kriegsgräberstätte Dörenther Klippen bestatteten Männer, vor allem junge Reserveoffizierbewerber. Der jüngste wurde nicht einmal 18 Jahre alt. »Ein sinnloses Sterben«, notiert einer in seinem Tagebuch. Es ist ein Satz, der hängen bleibt. Die Schrecken des Kriegs sind hier fast greifbar, eine Bank lädt zum Innehalten ein.

Weiter geradeaus Richtung Tecklenburg. Am Rastpilz links den Berg runter Richtung Dreikaiserstuhl.

Üppiges Grün, lehmrotes Wasser: Die Eisenquelle ist ein tolles Fotomotiv.

28 – Felsen mit Fernsicht

Im Obstsortenmuseum Fliehburg wachsen seltene Sorten.

GANZ SCHÖN KNACKIG

KM 4,5

② Eisenquelle
Naturwissenschaft hautnah erleben

Es ist eine geologische Besonderheit: Eisen, das vor rund 30 Millionen Jahren am Grunde eines Meeres abgelagert wurde, fließt bei Brochterbeck einfach so durch den Wald. Mit dem Grundwasser werden die Metallteilchen an die Oberfläche geschwemmt, wo sie oxidieren. Der »Rost«, der entsteht, färbt die Quelle, die Steine, den Lauf des Brochterbecker Mühlenbachs deutlich lehmrot. Für Fotograf:innen ist die Eisenquelle ein tolles Motiv: Die ungewöhnliche Farbe bildet einen starken Kontrast zur üppig grünen Krautschicht und zum lichten Erlenwald ringsum.

Weiter der Beschilderung Richtung Dreikaiserstuhl folgen.

KM 5

③ Obstsortenmuseum Fliehburg
Eine Arche für Äpfel und Birnen

Das Angebot im Supermarkt ist überschaubar, mehr als eine Handvoll verschiedener Apfelsorten gibt es kaum. Die Arbeitsgemeinschaft für Naturschutz Tecklenburger Land e.V. wollte das nicht hinnehmen und realisierte schon 1992 das Obstsortenmuseum Fliehburg, um alte, teils sehr seltene lokale Obstsorten langfristig zu erhalten. Entstanden ist ein lebendiges Freilichtmuseum mit mehr als 150 Obstbäumen vom Apfel bis zur Zwetschke. Die Obstwiesen sind nicht nur schön anzusehen, man lernt hier auch allerhand über die Streuobstwiese als Lebensraum und Obst als Kulturgut. Und einen lauschigen Picknickplatz unterm Apfelbaum gibt's auch noch obendrauf. So geht Regionalität! (www.westfalen-regional.de/de/fliehburg)

Weiter der Beschilderung Richtung Dreikaiserstuhl folgen.

Am Dreikaiserstuhl kann man oft Kletterer beobachten.

KM 6

④ Königstein und Dreikaiserstuhl
Aussicht auf Bocketal und waghalsige Kletterer

Über vier Kilometer ziehen sich die Dörenther Klippen, vor etwa 140 Millionen Jahren aus Sandbänken und Ablagerungen eines urzeitlichen Meeres entstanden, als 40 Meter hohe Sandsteinfelsen durch den Südwesthang des Teutoburger Waldes. Wirklich atemberaubend ist der Panoramablick vom Königstein auf das bewaldete Bocketal und die dahinterliegenden Hügel. Der Dreikaiserstuhl dagegen fordert als mächtiges Felsmassiv vor allem Kletterer heraus, die man ganz gemütlich von oben beobachten kann.

Dann links halten und der Beschilderung zum Hockenden Weib folgen.

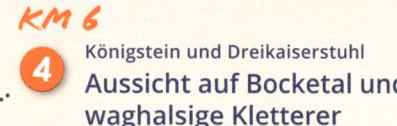

Atemberaubende Aussicht: der Blick vom Königstein ins Bocketal.

Die Almhütte – ein kleines Fleckchen Bayern im Münsterland.

EXTRA INFOS:

Wer nach den Höhenmetern im Teutoburger Wald richtigen Hunger hat, bekommt im ● **Schwäbischen Gasthof Dörenther Klippen** kurz vor dem Wanderparkplatz auch ein warmes Abendessen serviert: Von süddeutschen Klassikern bis zum deftigen Schnitzel ist alles dabei, was ordentlich satt macht. Bei schönem Wetter sitzt man auf der Außenterrasse beinahe mitten im Wald. (www.gasthof-doerenther-klippen.de)

KM 9

5 Almhütte am Hockenden Weib
Zünftige Pause

 KM 10,5 » ZIEL
Wanderparkplatz Dörenther Klippen

Die Almhütte am Hockenden Weib ist ein kleines Fleckchen Bayern im Münsterland: mit viel Holz, einem Hirschkopf über der Tür und kaum mehr als Wurst und Brezn auf der Speisekarte. Hier kann man toll bei einem kühlen Getränk – oder wenn es denn sein muss, bei Kaffee und Blechkuchen – draußen sitzen und die Atmosphäre des Waldes in sich aufsaugen. Sogar eine große Aussichtsplattform gibt es und vor dem Eingang markiert ein riesiges Gipfelkreuz »heiligen Boden« – es soll den Ort frei halten von Unfriede und Zwietracht. Nur 100 Meter weiter findet man mit dem Hockenden Weib übrigens den wohl bekanntesten Einzelfelsen der Dörenther Klippen: Der Sage nach soll hier eine Mutter ihre Kinder vor der steigenden Flut gerettet haben und dabei selbst zu Stein erstarrt sein.

Den Weg auf dem Bergkamm nehmen und weiter Richtung Parkplatz Dörenther Klippen.

Gipfelkreuz ohne Gipfel. Warum auch nicht?

AUF EINEN BLICK

» **Start/Ziel:** Wanderparkplatz Dörenther Klippen, Münsterstraße, Ibbenbüren (nächstgelegene Bushaltestelle: Dörenther Berg, Buslinien S50 und R63, von Mai bis Oktober auch F10)
» **Strecke:** 10,5 km (Rundtour)
» **Reine Wanderzeit:** 3 Std.
» **Höhenmeter:** ↗ 230 m ↘ 230 m
» **Wegbeschaffenheit:** Hauptsächlich Waldboden, etwas Sand.
» **Beste Zeit:** März bis November.
» **Ausrüstung:** Evtl. Wanderstöcke, Trinkflasche und Snacks.

DIE WANDERPAUSEN

» START
Parkplatz Münsterlandblick

KM 1
① Rolandsgrab
Schauerliche Gruftgeschichten

KM 3
② Kleine Waldmusik
Klavier spielen in der Natur

KM 4
③ Picknickplatz
Kleine Stärkung mit Blick auf Wiesen und Felder

3 ROMANTIK PUR

Beim Burgstädtchen Tecklenburg durch den Teutoburger Wald

Zwischen stillen Waldpassagen und einem summenden, brummenden Panorama aus Feldern und Wiesen warten auf dem Tecklenburger Bergpfad kleine Schauergeschichten und einsame Münsterländer Bauernhöfe. Und wenn doch mal ein Örtchen kommt: Postkartenansichten. Idyllischer wird's nicht!

KM 5
4 Wanderliege
Entspannt das Panorama genießen

KM 7
5 Waldkapelle Holthausen
Aussichtspunkt mit Hörstation

KM 9
6 Waldlehrpfad
Baumwunder aus aller Welt bestaunen

KM 10,9 » ZIEL
Parkplatz Münsterlandblick

WIE BEI HÄNSEL UND GRETEL ...

 ... wirkt der Wald. Zwischen Buchen führt der Weg bergauf, bergab. Irgendwo klopft ein Specht und von den Stämmen grinst hier und da eine Hexe frech herüber. Natürlich, das ist der Hexenpfad.

Es geht über Stock und Stein. Mächtige, halb umgestürzte Wurzeln lassen erahnen, wie alt der Wald ist. Ein dunkler Rachen gähnt in den Felsen: Um das **Rolandsgrab** ranken sich schauerliche Geschichten. Doch der Blick in die leere Gruft ist schnell vergessen. Bald blitzen Wiesen zwischen den Bäumen hervor, Bauernhöfe schmiegen sich in die Landschaft, Kühe und Pferde grasen gemeinsam.

Da taucht die größte Überraschung des Tages auf: Kurzes Augenreiben, nein wirklich, hier lädt ein Klavier zur **kleinen Waldmusik.** Dann werden die Bäume schon abgelöst von Rapsfeldern, die sich schier endlos zum Horizont ziehen. Es duftet nach Gras, am Wegesrand dichte weiße Blütentrauben.

EIN KURZES INNEHALTEN AM GEDENKSTEIN UNTER DER WUNDERSCHÖNEN KIRSCHE

Zeit für ein **Picknick** mit Weitblick, bevor sich der Pfad zwischen die Sträucher ins Naturschutzgebiet am Kleeberg schlängelt. Überall summt und brummt es. Plötzlich wird die Sicht frei auf einen alten Kalksteinbruch, dessen schroffe Wände in der Sonne leuchten, im Canyon türkisgrünes Wasser. Ein paar Meter weiter wartet eine **Wanderliege**, nicht weit vom »Münsterlandblick« – und das sagt eigentlich schon alles.

Sogar die Unterführung der Landstraße hat ihren Reiz: Am Ende des Tunnels ragt die Kirche von Brochterbeck hinter Blüten empor – eine Postkartenansicht. Sattgesehen taucht man wieder ein in den Wald, steigt an bizarrem Wurzelwerk vorbei hinauf zum Blücherfelsen.

Hinter der **Waldkapelle Holthausen** geht es tiefer in den Wald. Birken, Kiefern, Zedern, aus Kalifornien, Kalabrien und anderswo auf der Welt. Der **Waldlehrpfad** wird enger, Tannen formen höhlenartige Gänge, Schritte knirschen auf trockenen Nadeln. Der Pfad trifft auf den Hermannsweg, benannt nach Hermann dem Cherusker. Die moosbewachsene historische Wallmauer, die zurück nach Tecklenburg leitet, passt da perfekt ins Bild.

Die wunderschöne Kirsche auf der Hügelkuppe zieht magisch an.

Hexe an Bord: Ein kleines Souvenir gefällig?

Hier und da sind Bauernhöfe malerisch in die Landschaft gestreut.

WANDERN & GENIESSEN

» START
Parkplatz Münsterlandblick

Vom Parkplatz nach links wenden, links ab in die Felsenstiege und weiter links halten. Im Wald der Beschilderung »Tecklenburger Bergpfad« folgen.

Ein schwarzes Loch gähnt in den Felsen: das Rolandsgrab.

KM 1

① Rolandsgrab
Schauerliche Gruftgeschichten

Die Familie Roleant vom Gut Hülshoff zu Tecklenburg ließ das Rolandsgrab um 1840 in den Felsen hauen. Die Grabkammer ist leer, doch mit der schauerlichen Geschichte, die sich um die Gruft rankt, passt sie perfekt zum Hexenpfad: Der Sage nach sollten ein Handwerksmeister und sein Lehrling die Särge in der Gruft neu streichen. Mit dem letzten Sarg ließ der Meister den Lehrling allein und schlug gedankenverloren die schwere Tür hinter sich zu – mit dem Schlüssel in der Tasche. Erst in später Nacht kehrte der Meister mit den besorgten Eltern des Jungen zurück, vor lauter Furcht war dieser gestorben. Was schrecklich klingt, diente aber wohl nur als Abschreckung, damit Jugendliche hier keinen Unfug treiben. Man darf sich also getrost schön gruseln und vielleicht sogar einen Blick ins Innere wagen.

Weiter dem Tecklenburger Bergpfad folgen.

38 – Romantik pur

KM 3

② Kleine Waldmusik
Klavier spielen in der Natur

Pianist:innen werden sich freuen, denn mitten in der Natur steht am Tecklenburger Bergpfad tatsächlich ein waschechtes Klavier. Zwar sind die Tasten etwas abgegriffen, dafür schützt ein kleiner Holzunterstand das Instrument ein wenig vor Wind und Wetter. Und ein daran befestigtes blaues Schild fragt freundlich: »Na, wie wär's? Kleine Waldmusik?« Auch wer kein Musiker ist, kann sich hier einmal nach Herzenslust austoben – die Chance, dass sich jemand vom Geklimper gestört fühlt, ist jedenfalls sehr gering.

Am Klavier rechts abbiegen und links zwischen den Feldern hindurch. Dann weiter der Beschilderung folgen.

WALDKONZERT

Einmal hemmungslos in die Tasten greifen: Mit einer kleinen Waldmusik stört man niemanden.

Wiesen, Felder und ein Picknicktisch – was braucht man mehr?

KM 4

③ Picknickplatz
Kleine Stärkung mit Blick auf Wiesen und Felder

Nichts stört hier den Blick in die Ferne, Wiesen und Felder erstrecken sich bis zum Horizont. Rechts in die Böschung zwischen dem Schwarzdorn sind ein paar Treppenstufen gehauen, die zu einem lauschigen Picknickplatz führen – komplett mit Bänken und kleinem Tisch. Wer die richtige Jahreszeit erwischt, kann sogar den hier angelegten langen Blühstreifen in seiner vollen Pracht genießen. Sollte der Platz bereits besetzt sein, findet man an dem Feldweg übrigens noch zwei weitere Bänke für eine Pause, dann allerdings ohne Tisch.

Am Ende des Feldwegs rechts den Berg hinauf und auf der Kuppe links in den schmalen Pfad abbiegen. Du befindest dich nun im Naturschutzgebiet am Kleeberg. Weiter den Wegweisern folgen.

KM 5

4 Wanderliege
Entspannt das Panorama genießen

Als Premiumwanderweg ist die Teutoschleife Tecklenburger Bergpfad nicht nur bestens ausgeschildert, sondern auch mit einer Teutoschleifen-Wanderliege ausgestattet. Auf der wellenförmigen Bank kann man bequem das Panorama genießen: Direkt an der Abbruchkante eines alten Steinbruchs liegt einem die weite Ebene der Münsterländer Parklandschaft zu Füßen – nicht umsonst heißt der Aussichtspunkt hier »Münsterlandblick« (nicht zu verwechseln mit dem gleichnamigen Wanderparkplatz).

Weiter die Treppe hinunter und links durch die Unterführung. Dann rechts parallel zur Straße gehen und diese am Bildstock nach rechts überqueren. Das Hotel rechter Hand liegen lassen und über die Gleise in den Wald.

Eine Waldkapelle zum Anhören: Per QR-Code erfährt man alles über ihre Geschichte.

KM 7

5 Waldkapelle Holthausen
Aussichtspunkt mit Hörstation

Am Waldrand, im Rücken die kleine, gepflegte Waldkapelle Holthausen und gen Norden der Fernblick auf den Schafberg bei Ibbenbüren, können Wandernde es sich auf einer der beiden Bänke bequem machen und das Smartphone zücken. Per QR-Code sind hier zwei Hörstücke abrufbar, die sozusagen die Aussicht erklären: Eines beschäftigt sich mit der Geologie des Teutoburger Waldes, das andere informiert über die Geschichte der in den dreißiger Jahren errichteten Kapelle Maria Wegweiserin. Neugierige dürfen anschließend natürlich auch noch einen Blick in die Waldkapelle werfen, die Tür ist nicht verschlossen. (www.geopark-terravita.de)

An der Kapelle vorbei links halten und der Beschilderung »Tecklenburger Bergpfad« folgen.

Am Waldlehrpfad wachsen Bäume aus aller Welt.

KM 9

6 Waldlehrpfad
Baumwunder aus aller Welt bestaunen

Ein bisschen erinnert der Waldlehrpfad an einen botanischen Garten, nur eben mitten im Wald. Denn entlang des schmalen Wegs gibt es nicht nur Informationstafeln zum Lebensraum Wald, sondern auch jede Menge exotische Bäume zu bestaunen. Korsische Schwarzkiefer, Amerikanische Gelbbirke, Kalifornische Flusszeder und Co. wurden eigens hier angepflanzt – teilweise schon in den fünfziger Jahren. Mittendrin kommt aber auch die Goldene Treppe fotogen daher: Auf mehr als 100 Stufen hat die Künstlerin Sigrun Menzel einen Streifen hauchdünnes Blattgold aufgetragen. Das ist zwar recht verwittert, Eindruck schindet die steile Holztreppe in den Himmel aber trotzdem noch.

Weiter der Beschilderung folgen bis zur Straße Am Weingarten. Dann rechts abbiegen zurück zum Parkplatz.

EXTRA INFOS:

Wer sich nicht mit Picknickgepäck belasten möchte, kann ungefähr auf halber Strecke zur Einkehr in den Ortskern von Brochterbeck abbiegen. Hier belohnt die historische ● **Gaststätte Franz** die extra Meter mit einem Biergarten. (www.gaststätte-franz.de)

Zurück in Tecklenburg geht's am alten ● **Bismarckturm** vorbei, der auch erklommen werden kann. Den Schlüssel händigt das benachbarte Hotel Bismarckhöhe gegen eine kleine Gebühr aus. Und wenn man schon mal hier ist, sollte man auch die hübsche Altstadt von Tecklenburg mit ihren Fachwerkhäusern und Gassen nicht verpassen. Die Straße gegenüber vom Parkplatz Münsterlandblick führt an der Burg vorbei zum ● **Marktplatz.** (www.tecklenburg-touristik.de)

KM 10,9 » ZIEL
Parkplatz Münsterlandblick

Am »Münsterlandblick« liegt einem die ganze Region zu Füßen.

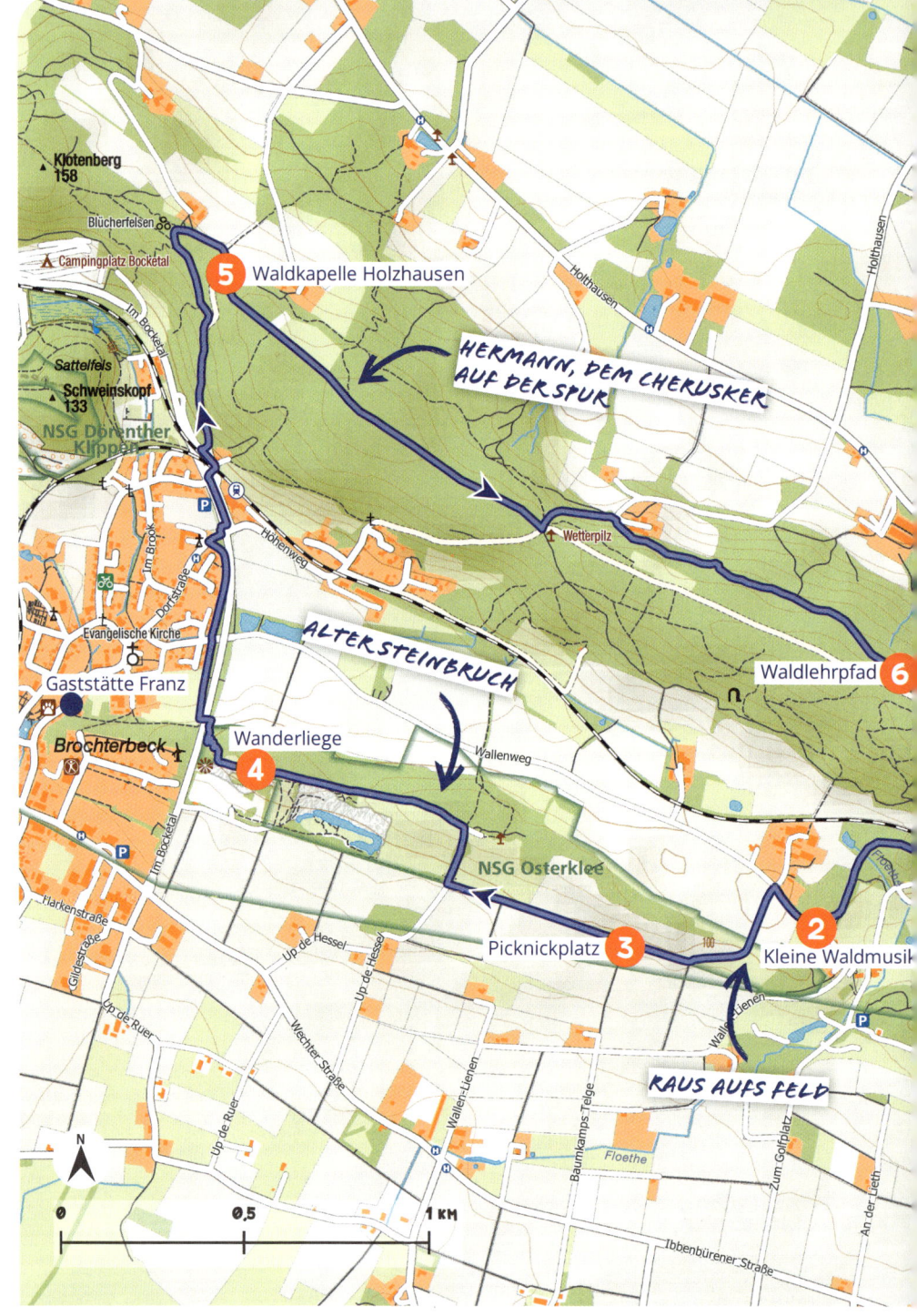

AUF EINEN BLICK

» **Start/Ziel:** Parkplatz Münsterlandblick, Am Weingarten, Tecklenburg (nächstgelegene Bushaltestelle: Tecklenburg Stadt, Linie R45 ab Bahnhof Lengerich)
» **Strecke:** 10,9 km (Rundtour)
» **Reine Wanderzeit:** 3 Std.
» **Höhenmeter:** ↗190 m ↘190 m
» **Wegbeschaffenheit:** Hauptsächlich weicher Waldboden und Feldwege, wenig Asphalt.
» **Beste Zeit:** Von März bis November.
» **Ausrüstung:** Smartphone für die Hörstation, Notenbuch für die kleine Waldmusik, Picknick.

DIE WANDERPAUSEN

» START
Bahnhof Burgsteinfurt

KM 1,5
① Wasserschloss und Bagno
Alte Denkmäler und moderne Skulpturen

KM 8
② Sonnenblumenfeld
Die gelbe Pracht genießen

KM 10
③ Hollicher Mühle
Pause unterm Pflaumenbaum

REISE IN DIE VERGANGENHEIT

Auf dem Mühlenrundweg durch Steinfurt

Ein gräflicher Lustgarten, ein dichter Wald und Felder, die sich schier endlos um die alte Hollicher Mühle erstrecken: Viel kann sich in Steinfurt im Laufe der Jahrhunderte nicht verändert haben. Und wo doch einmal die Moderne durchblitzt, schaltet das Gehirn einfach auf Autovervollständigen.

KM 13
④ Niedermühle
Fotostopp am Fluss

KM 13,5
⑤ Sweet Petites by Steffi
Süßer Ausklang

KM 13,8 » ZIEL
Bahnhof Burgsteinfurt

SO GEHT LUSTWANDELN HEUTE

 Sobald der Asphalt dem Kopfsteinpflaster weicht, fliegt die Zeit im Eiltempo vorbei: ein Ackerbürgerhaus aus dem 17. Jahrhundert, die Schlossmühle, erstmals 1350 erwähnt, dann das Schloss Steinfurt, das aufs 12. Jahrhundert zurückgeht. Über den Wassergraben voller Seerosenblätter spannt sich im Hintergrund eine hübsche Bogenbrücke. Das Torhaus strahlt geradezu mit seiner gelben Fachwerkfassade und den knallroten Geranien vor den Fenstern. Da läuft die Kamera heiß!

Hinein ins **Wasserschloss** darf man nicht, aber lustwandeln im **Bagno,** dem höfischen Garten voller alter Denkmäler und moderner Skulpturen. Schautafeln erzählen von früher, es gibt sogar eine Ruineninsel im See. Trotzdem merkt man kaum, wo der Park aufhört und der Wald anfängt. Nur allmählich rücken die Bäume auf dem Buchenberg dichter zusammen,

WENN ES VOR DER HOLLICHER MÜHLE SO STILL IST, DASS MAN SOGAR DIE FLIEGEN HÖRT

bis es nur noch wenige Sonnenstrahlen durchs Blätterdach schaffen und umgestürzte Stämme wie Mikadostäbe kreuz und quer übereinanderliegen.

Dann kündigt die frische Landluft ein neues Panorama an: Ein schmaler Wiesenpfad windet sich an mannshohem Mais vorbei, vor einem riesigen **Sonnenblumenfeld** liegen zwei Kühe wie fürs Foto bestellt. Je länger man den Gute-Laune-Blumen folgt, desto mehr Toskana schleicht sich in den Kopf – jedenfalls bis zum nächsten typisch westfälischen Hof.

Die Wiesen zirpen, brummen, summen. Der Wind wirbelt durch die lustigen Frisuren der Maiskolben. Dann lugt schon die **Hollicher Mühle** übers Feld herüber. Ein Bauer zuckelt mit seinem Traktor und ein paar Heuballen übers Kopfsteinpflaster – ganz automatisch macht der Kopf daraus den zur Mühle passenden Pferdewagen.

An Bauernschaften vorbei geht es ins Wohngebiet. Und gerade als man denkt, dass jetzt eigentlich nichts mehr kommen kann, rauscht die Aa eine Kaskade herunter. An ihrem Ufer steht die **Niedermühle,** fein herausgeputzt, als hätte sich ihr Rad erst gestern noch gedreht. Die Kaffeemühle im **Sweet Petites by Steffi** jedenfalls läuft einwandfrei. Und mit ein paar frisch gebackenen Kleinigkeiten schmecken die Eindrücke vom Mühlenweg gleich doppelt so süß.

Ein Sonnengruß am Wegesrand sorgt gleich für gute Laune.

Lässige Pose, zufriedener Blick: Graf Arnold genießt das ganze Jahr über die Aussicht auf Schloss Steinfurt.

Mal sauber gestapelt, mal kreuz und quer – Hauptsache Wald.

WANDERN & GENIESSEN

» START
Bahnhof Burgsteinfurt

Auf der Bahnhofstraße nach links und rechts um die Kurve. An der Ampel die Straße überqueren, weiter auf die Mühlenstraße. Dann rechts in die Wasserstraße, links auf Viefhoek und weiter links halten.

KM 1,5

1 Wasserschloss und Bagno
Alte Denkmäler und moderne Skulpturen

La Dolce Vita im Münsterland – auch für Bienen.

Die Kulisse ist pompös: Erst fällt der Blick auf Torhaus und Wassergraben, dann auf die Insel mit der ringförmigen Burg. Schon 1129 wurde Westfalens älteste Wasserburg erwähnt, seitdem mehrfach zerstört, wieder aufgebaut, erweitert. Heute besteht sie aus Ober- und Unterburg sowie Schlossmühle. Eine Besichtigung ist nicht möglich, da die fürstliche Familie zu Bentheim und Steinfurt noch hier wohnt. Dafür entschädigt das Bagno, der einstige Vergnügungspark der Grafen: In dem heutigen Gartendenkmal gab es hier vor 200 Jahren Wasserspiele und allerlei exotische Gebäude – vom ägyptischen Turm bis zum chinesischen Salon. Schautafeln erschließen die historischen Sehenswürdigkeiten, aber auch moderne Skulpturen. In der alten Konzertgalerie finden sogar wieder Veranstaltungen statt. (www.steinfurt-touristik.de)

Hinein in den Park, am Kriegerdenkmal rechts halten. An der Gabelung links zum Bagnosee und weiter der Beschilderung »Mühlenweg« folgen.

Das hübsche Torhaus stiehlt Schloss Steinfurt glatt die Show.

KM 8
② Sonnenblumenfeld
Die gelbe Pracht genießen

Erst grüßen nur ganz verstreut ein paar wilde Blüten, dann tut sich hinter dem Buchenberg ganz unvermittelt ein riesiges Sonnenblumenfeld direkt am Wegesrand auf. Wunderschön mit allen Sinnen genießen kann man die überbordende gelbe Pracht von einer Bank in der Sonne, die nur ein paar Schritte vom Rand des Felds entfernt steht: ein Platz zum Durchatmen mit Toskana-Flair. Für das richtige Dolce-Vita-Gefühl mitten im Münsterland fehlt eigentlich nur noch ein Fläschchen Wein im Wanderrucksack.

Dem Weg weiter bis zur Landstraße folgen, dann links und an der ersten Möglichkeit rechts abbiegen. Weiter der Beschilderung folgen.

Nostalgisch und herrlich ruhig: die Hollicher Mühle.

KM 10
③ Hollicher Mühle
Pause unterm Pflaumenbaum

Die Hollicher Mühle wurde 1858 errichtet und vor ihrer Stilllegung im Zuge der fortschreitenden Industrialisierung noch mit Dampfmaschinen und Motoren ausgerüstet. Dem romantischen Ambiente, das heute für standesamtliche Trauungen genutzt wird, tut das aber keinen Abbruch – vor allem dank des Förderkreises, der das alte Gebäude ab Mitte der achtziger Jahre in mühevoller Handarbeit restauriert hat. Wenn gerade keine Hochzeitsgesellschaft vor Ort ist, hat man die nostalgische Kulisse ganz für sich: Am schönsten sitzt man auf dem begradigten Baumstamm im Schatten der Obstbäume. (www.steinfurt-touristik.de)

Dann den Markierungen »Mühlenweg« folgen.

Seit 1957 nicht mehr im Dienst: der Müller von der Niedermühle.

KM 13

4 Niedermühle
Fotostopp am Fluss

Die Niedermühle gehört nicht nur zu den ältesten Gebäuden in Steinfurt, mit ihren gelb-roten Fensterläden, den Inschriften im Holz und dem Müller vor der Tür gibt sie auch ein tolles Fotomotiv ab. Erstmals erwähnt wird das Bauwerk, damals noch Teil der mittelalterlichen Stadtbefestigung, im Jahr 1352. Im Laufe der Jahrhunderte setzten Feuer und Hochwasser der Mühle zu, doch erst 1957 wurde ihr Betrieb eingestellt. Für die vollständige Restaurierung sorgte der Heimatverein, heute befindet sich die Mühle in Privatbesitz. (www.steinfurt-touristik.de)

Rechts die Mühlenstraße entlang und weiter geradeaus auf die Bahnhofstraße.

Ein himmlischer Kuchen zum Abschluss ... oh happy day!

Herausgeputzt, als hätte sich ihr Rad gerade noch gedreht: die Niedermühle.

EXTRA INFOS:

Wenn man der Wasserstraße weiter folgt, lässt sich die Tour gut mit einem Rundgang durch die ● **Altstadt** von Burgsteinfurt kombinieren, vorbei am alten Rathaus, dem Stadtwein- und dem Huck-Beifang-Haus. Dem Schloss nähert man sich dann von der anderen Seite.

Wer lieber mehr vom Bagno sehen will, sollte sich bei der Ruineninsel links halten. Dort wartet die historische ● **Konzertgalerie** als Highlight des Parks.

Ein kleiner Abstecher lohnt auch in der Bauernschaft Hollich zu den rudimentär erhaltenen Befestigungsanlagen der ● **Burg Ascheberg,** über deren Geschichte drei Schautafeln informieren.

KM 13,5
(5) Sweet Petites by Steffi
Süßer Ausklang

Die leuchtend grünen Stühle unter den Sonnenschirmen wirken schon von Weitem einladend, drinnen sorgt die Ladentheke dafür, dass hungrigen Wandernden das Wasser im Munde zusammenläuft. Der Name des Cafés ist Programm: Inhaberin Steffi serviert zum Kaffee süße Kleinigkeiten vom Schokocroissant bis zum Kuchen. Zusätzlich gibt es, hübsch verpackt, allerlei leckere Andenken zum Mitnehmen. Werktags ist das Sweet Petites bis 17 Uhr geöffnet, am Wochenende hat das Café leider geschlossen. (www.instagram.com/sweetpetitesbysteffi)

Der Bahnhofstraße bis zum Bahnhof folgen.

KM 13,8 » ZIEL
Bahnhof Burgsteinfurt

Zurück am Ausgangspunkt – schade eigentlich.

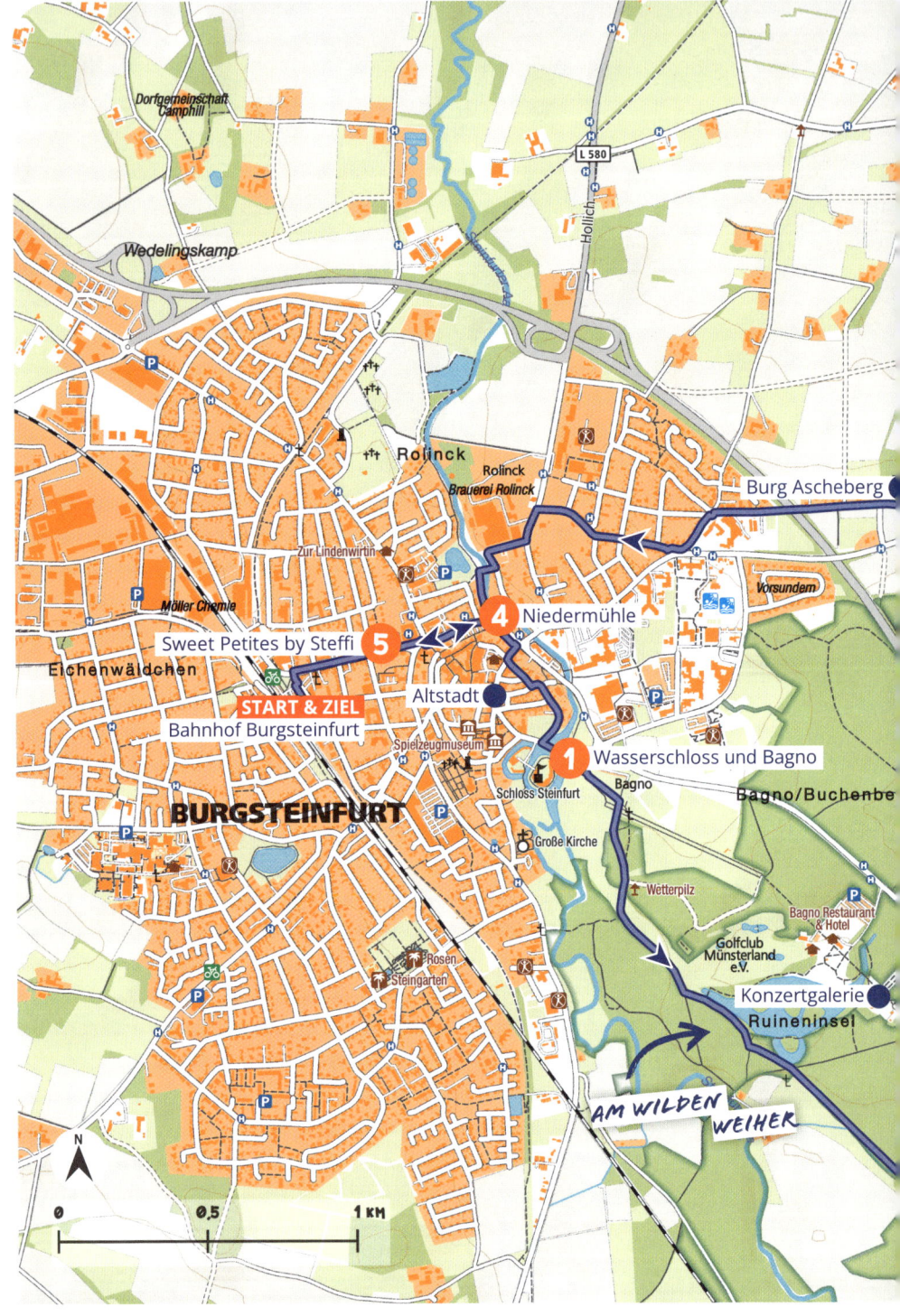

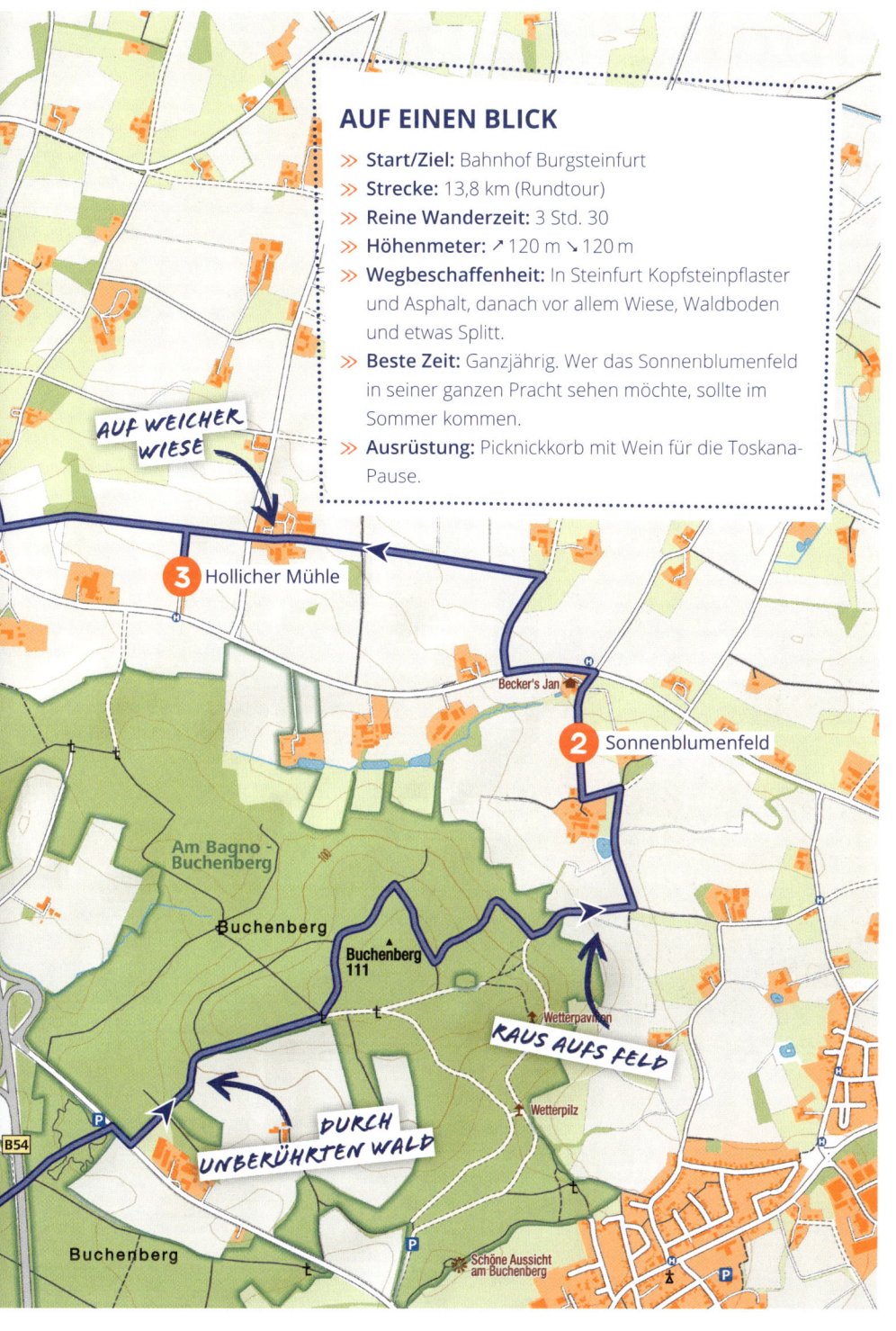

AUF EINEN BLICK

- **Start/Ziel:** Bahnhof Burgsteinfurt
- **Strecke:** 13,8 km (Rundtour)
- **Reine Wanderzeit:** 3 Std. 30
- **Höhenmeter:** ↗ 120 m ↘ 120 m
- **Wegbeschaffenheit:** In Steinfurt Kopfsteinpflaster und Asphalt, danach vor allem Wiese, Waldboden und etwas Splitt.
- **Beste Zeit:** Ganzjährig. Wer das Sonnenblumenfeld in seiner ganzen Pracht sehen möchte, sollte im Sommer kommen.
- **Ausrüstung:** Picknickkorb mit Wein für die Toskana-Pause.

DIE WANDERPAUSEN

» START
Wanderparkplatz
Skulpturenpark, Lengerich

KM 1,5
1 Wanderhütte Max und Moritz
Durchatmen mit Weitblick

KM 5
2 Stiftsdorf Leeden
Durch die Geschichte stromern

KM 6
3 Lusthäuschen
Picknick mit Aussicht

5
WALDLUFT & CANYON-BLICK

Auf der Teutoschleife zum Lengericher Canyon

Ein bisschen Winnetou, ein bisschen Monet: Höhepunkt der Wanderung ist die spektakuläre Lagune – so türkis, als sei sie die Vorlage für den »Schatz im Silbersee« gewesen. Doch unterwegs geht es durch eine zauberhafte Landschaft aus Wald, Wiesen und Feldern, wie sie ein Künstler nicht schöner hätte malen können.

KM 11
4 Canyon
Fotostopp à la Winnetou

KM 12
5 Skulpturenpark
Kunst in freier Natur erleben

KM 12,3 » ZIEL
Wanderparkplatz Skulpturenpark, Lengerich

DAS HERZ POCHT LAUTER ...

 ... als die Vögel zwitschern. Der erste Anstieg im Wald hat es in sich. Innehalten, durchatmen. Die **Wanderhütte Max und Moritz** kommt jetzt wie gerufen. Wie eine Fata Morgana steht sie im hohen Gras, der Blick nach Lengerich beruhigt den Puls, macht den Kopf frei.

Dann schrumpft die Welt zusammen, um gleich darauf ganz weit zu werden: Vom Getreide beschützt wie ein gut gehütetes Geheimnis schlängelt sich der Pfad unter süßem Holunderduft an den Feldern entlang. Dann wieder reichen die Wiesen bis zum Horizont.

Bald schreckt das Geräusch von Schritten auf dem Asphalt ein paar Alpakas auf. Ihr Hof ist ein Außenposten des **Stiftsdorfs Leeden,** das mit schmuckem Stiftshaus samt Kirche daherkommt. Die Pause im Schatten der weißen Fachwerkhäuschen wappnet für den Aufstieg auf den Leedener Berg – stolze 202 Meter hoch – durch ein abenteuerliches Dickicht aus Farn. Oben angekommen: Verschnaufen am **Lusthäuschen.** Die Gerippe von Kiefern verleihen dem Ort einen morbiden Charme, dazwischen tut sich ein Panorama bis nach Osnabrück auf.

WENN MAN SICH KLEIN FÜHLT, WEIL DIE NATUR RINGSUM SO HOCH WÄCHST

Weiter durch schön schattigen Wald, nicht ganz so schön rauscht die Autobahn. Aber schon nach ein paar Metern geben wieder die Vögel den Ton an. Roter Fingerhut und lila Rhododendron tupfen Farbe in die Grün- und Erdtöne. Felder und Wald wechseln sich ab, bis ein Gatter auf einen Wiesenpfad führt. Silber schimmern die hüfthohen Gräser in der Sonne, das Getreide knistert, wenn der Wind hindurch streicht.

Auf dem letzten Stück zum **Canyon** liegen Stolpersteine auf dem Weg: Vorboten des alten Steinbruchs, der sich unvermittelt hinter den Bäumen auftut. Natürlich würde man gerne hineinspringen, so schön türkis hebt sich die Lagune von den weißen Hängen ab, lang gezogen wie ein ruhiger Fluss. Doch es führt kein Weg hinab, stattdessen läuft man an der Abbruchkante entlang geradewegs in den **Skulpturenpark.** Wie zufällig sind hier Kunstwerke in die Landschaft gestreut, mit der Landschaft vereint – bis ein schmiedeeisernes Tor die Wandernden wieder in Richtung Parkplatz entlässt.

Tierbegegnungen garantiert – erst Kühe, dann Alpakas.

Roter Fingerhut tupft Farbe in die Landschaft.

Verlaufen unmöglich: Die Teutoschleife ist gut beschildert.

WANDERN & GENIESSEN

» START
Wanderparkplatz Skulpturenpark, Lengerich

Vom Parkplatz rechts abbiegen, dann rechts in den Pfad und der Beschilderung »Canyon Blick« nach links in den Wald folgen. An der T-Kreuzung rechts halten und weiter auf den Waldweg.

Der erste Anstieg wird mit einer schönen Aussicht von der Wanderhütte Max und Moritz belohnt.

KM 1,5

1 Wanderhütte Max und Moritz
Durchatmen mit Weitblick

Gleich zu Beginn der Tour wartet der 167 Meter hohe Lengericher Berg: Durch eine kleine Schlucht führt der Pfad hinauf. Der Anstieg ist durchaus anstrengend, eine schöne Möglichkeit zum Verschnaufen bietet die Wanderhütte Max und Moritz. Im hölzernen Pavillon gibt es einen Tisch und Bänke, von denen man eine herrliche Aussicht über Lengerich und das Münsterland genießt. Seinen Namen hat der Rastplatz übrigens von einer kleinen Baumgruppe, die im Volksmund seit Generationen so genannt wird.

Zurück zur Kreuzung und rechts am Feld entlang. Weiter der Beschilderung folgen. Hinterm Ortseingang von Leeden die Hauptstraße überqueren und weiter auf die Straße Stift.

Hübsch zurechtgemacht: die Stiftskirche in Leeden.

Aus dem 13. Jahrhundert: Das Stiftshaus ist das älteste erhaltene Gebäude in Leeden.

KM 6

③ Lusthäuschen
Picknick mit Aussicht

Diese Pause hat man sich wirklich verdient: Wer den Aufstieg auf den Leedener Berg – mit 202 Metern immerhin die höchste Erhebung des nordwestlichen Teutoburger Walds – geschafft hat, findet am Lusthäuschen einen tollen Aussichtspunkt. Hier ist der ideale Platz für ein Picknick. Bei klarer Sicht reicht der Blick von der kleinen kreisförmigen Sandsteinruine bis zu den Türmen des Osnabrücker Doms. Der Name hat übrigens nichts Frivoles an sich. Hier, am höchsten Punkt der Stadt, stand bis etwa 1910 eine Schutzhütte, zu der der damalige Pastor gerne lustwandelte, um zu meditieren oder seine Predigten zu schreiben. Man kann es ihm nicht verdenken.

Den Weg entlang, vor der Brücke links abbiegen und an der Gabelung wieder links halten. Weiter den Schildern nach.

KM 5

② Stiftsdorf Leeden
Durch die Geschichte stromern

Als Erstes fällt das Stiftshaus ins Auge: Das hübsche schwarz-weiße Fachwerkhaus von 1489 ist das älteste weitgehend original erhaltene Gebäude seiner Art in Leeden und neben der Stiftskirche das einzige Überbleibsel des im 13. Jahrhundert gegründeten Zisterzienserinnen-Klosters. Das ganze Gelände ist schön für eine kurze Erkundungstour: durch den Rosenbogen zur Kirche, an den alten Grabsteinen vorbei zum kleinen Zisterzienser- und Stiftsmuseum. Das Museum ist nur an jedem ersten Sonntag im Monat geöffnet, man kann aber einen Blick durch die Fenster werfen. (www.heimatverein-leeden.de)

Gegenüber der Gaststätte Antrup in den Hermannsweg und auf Höhe des ersten Hauses links quer über die Wiese. Dann dem Pfad folgen und nach rechts den Berg hinauf.

Puh, geschafft! Die Pause auf dem Leedener Berg hat man sich wirklich verdient.

Karl-May-Fans denken beim Lengericher Canyon sofort an den Schatz im Silbersee.

Von der Terrasse der Stiftschänke hat man alles im Blick.

HAUSGEMACHTE SPEZIALITÄTEN

KM 11

4 Canyon
Fotostopp à la Winnetou

Von 1902 bis 1977 wurde im Lengericher Steinbruch Kalkstein abgebaut, heute ist davon – die verräterisch hellen Steilhänge ausgenommen – nicht mehr allzu viel zu sehen. Schon 1970 hat man die Böschungen in einer spektakulären Begrünungsaktion vom Flugzeug aus mit Pflanzensamen bestreut, auf der unteren Sohle bildete sich ein See und 1989 wurde der Steinbruch zum Schutz seltener und gefährdeter Arten als Naturschutzgebiet ausgewiesen. Heute ist der türkis schimmernde »Canyon« ein echter Blickfang, den man dank eines Rundwegs auch noch von zwei weiteren Aussichtsplattformen oberhalb des Steinbruchs bewundern kann. So oder so wird die Kamera heiß laufen.

An der Abbruchkante entlang, dann rechts halten und am Wegweiser links abbiegen.

KM 12

5 Skulpturenpark
Kunst in freier Natur erleben

Kunst in und aus der Natur – so könnte man den Lengericher Skulpturenpark, ein Projekt des Vereins Offensive Lengerich, beschreiben. Mal ducken sich Skulpturen am Wegesrand unauffällig in die Landschaft, mal ist die Natur selbst das Kunstwerk. Der »Jones Garten« des amerikanischen Künstlers Ronald Jones versteckt sich z. B. als wohlgeformtes Paradies mit Springbrunnen und Treppenturm hinter dichten Hecken. Zur Hauptblühzeit im Sommer ist auch der Hortensia Garden, Deutschlands erster Hortensienpark mit mehr als 600 Sorten, ein echter Augenschmaus. (www.offensive-lengerich.de)

An der Gabelung links halten, danach links abbiegen. Durch das Friedhofstor über den Parkplatz und rechts abbiegen.

EXTRA INFOS:

In Leeden gibt es in unmittelbarer Nähe der Kirche mehrere Einkehrmöglichkeiten. Besonders idyllisch sitzt man auf der Gartenterrasse der ● **Stiftschänke Schwermann,** auf deren Speisekarte sich viele hausgemachte Spezialitäten finden. (www.stiftschaenke-schwermann.de)

Wer noch einige Kleinigkeiten fürs Picknick braucht, kann diese im integrativ betriebenen Geschäft ● **Lebensmittelpunkt** in Leeden kaufen. Im Foyer des Ladens gibt es auch ein kleines Café.

KM 12,3 » ZIEL
Wanderparkplatz
Skulpturenpark, Lengerich

»Das Kartenhaus« von Heinrich von den Driesch steht im Skulpturenpark Lengerich.

AUF EINEN BLICK

» **Start/Ziel:** Wanderparkplatz Skulpturenpark, Lengerich (nächstgelegene Bushaltestelle: Mühlenweg, Linie R45 ab Bahnhof Lengerich oder mit dem Taxi-Bus T40, der vorbestellt werden muss, bis LWL-Pflegezentrum)

» **Strecke:** 12,3 km (Rundtour)

» **Reine Wanderzeit:** 3 Std. 30

» **Höhenmeter:** ↗ 300 m ↘ 300 m

» **Wegbeschaffenheit:** Waldboden und Wiese, ein paar asphaltierte Feldwege.

» **Beste Zeit:** Wer die Blüte im Hortensia Garden sehen möchte, sollte im Juli oder August kommen.

» **Ausrüstung:** Ausreichend Wasser, kleines Picknick, evtl. Wanderstöcke.

DIE WANDERPAUSEN

» START
Parkplatz Biologische
Station Zwillbrock

KM 0,1
1 Biologische Station Zwillbrock
Die interaktive Ausstellung erkunden

KM 1
2 Info-Remise
Kleines Quiz zu Moor und Heide

KM 2
3 Aussichtsturm
Flamingos im Visier

ROSA RENDEZ-VOUS 6

Im Zwillbrocker Venn

Im Naturschutzgebiet bei Vreden gibt eine Farbe ganz klar den Ton an: Rosa. Rosa Heidewolken am Boden, rosa Flamingos im Wasser. Und damit es am Ende nicht zu kitschig wird, geht es auf dem Weg ins niederländische De Leemputten als Kontrastprogramm auch noch durch jede Menge Wald und Moor.

KM 6

4 Restaurant und Café Haak en Hoek
Pfannkuchen nach Omas Rezept

KM 7

5 Naturpark De Leemputten
Auf dem Wasser schaukeln

KM 10,8 » ZIEL
Parkplatz Biologische Station Zwillbrock

ALS PLÜSCHTIER LEBENS-GROSS UNTER DER DECKE ...

 ... oder auf Postkarten: Flamingos gibt es in der **Biologischen Station Zwillbrock** in allen Formen und Größen. Trotzdem spielt der Star des Venn in der Ausstellung nur eine Rolle unter vielen – zu viel gibt es zu entdecken, um das Naturschutzgebiet nur durch die rosarote Brille zu betrachten.

Vielleicht ist es diesem Augenöffner zu verdanken, dass man – kaum auf dem Rundweg – gleich das Schnattern der Gänse wahrnimmt. Ein lichter Birkenwald führt zur Beobachtungskanzel samt **Info-Remise.** Hinter den Fenstern der Hütte liegt sie, die Flamingoinsel. Tatsächlich steht im See zwischen den Gänsen ein einsamer blassrosa Exot – Kopf im Wasser. Und wie es sich für einen Besuchermagneten gehört, zieht er an. Kommt man näher heran?

WENN MAN ERKENNT, DASS SELBST PILZE HIER ZEIT ZUM WACHSEN BEKOMMEN

Moorschnucken zupfen Gräser, der Weg ist schattig und sandig-weich. Da, endlich. Der **Aussichtsturm.** Mit einem Schlag ist jede Eile weg, eine Welle der Ruhe strömt durch den Körper. Rosa Wolken umhüllen den See, es brummt ordentlich in der Heide. Dass der Flamingo noch immer in weiter Ferne frühstückt, ist da fast nebensächlich.

Ein letzter Blick durchs Fernglas, dann ein Szenenwechsel: Erst warnt ein Schild vorm Sumpf, bald stabilisieren Bohlen den Weg, neben dem riesige Pilze wachsen. Fast wie bei Alice im Wunderland, aber es geht nur in die Niederlande, direkt ins **Gasthaus Haak en Hoek.** Hmm, Pfannkuchen nach Omas Rezept.

Gänse fliegen in Formation, als wollten sie an die Wasserlandschaft erinnern, die im **Naturpark De Leemputten** wartet. Wasserläufer hüpfen wie tausend kleine Regentropfen, am Kiosk riecht es nach Fritten und Frühling, dazwischen schaukelt man im Tretboot oder auf dem Ponton in die Paletten-Lounge gekuschelt.

Zurück im Moor treibt grüner Feenstaub in schwarzen Tümpeln, ein Steg führt durch eine gelb getupfte Wiese, Rehe tollen am Waldrand. Erst als im Venn die Westkanzel auftaucht, fällt es einem wieder ein: Flamingos! Und plötzlich sind sie da. Mehr als ein Dutzend Vögel stolziert durchs flache Wasser, einige zart gefärbt, andere pretty in pink. So exotisch, dass es schon die Maisfelder braucht, um wieder zurück nach Deutschland, zurück zum Parkplatz zu kommen.

WANDERN & GENIESSEN

»START
Parkplatz Biologische Station Zwillbrock

Vom Parkplatz links der Straße folgen und rechts abbiegen zur Biologischen Station.

KM 0,1

Biologische Station Zwillbrock
Die interaktive Ausstellung erkunden

Einen schönen Auftakt für die Wanderung durchs Zwillbrocker Venn bietet die kompakte und interaktive Naturerlebnisausstellung der Biologischen Station. Im Zentrum stehen dabei nicht nur die Flamingos, sondern auch die typischen Lebensräume der Natur- und Kulturlandschaft in der Region, ihr Wandel und Schutz: Man geht durch den Wald ins Moor, durch Heide und Grünland. Unterwegs kreischen Möwen, Baumrinden können ertastet werden, unter den Füßen gibt der weiche (Moor) Boden nach. Wer nur einen schnellen Überblick haben will, kann sich den Film über das Venn im kleinen Kino ansehen. (www.bszwillbrock.de)

Zurück Richtung Parkplatz und der Beschilderung nach rechts zum Rundweg folgen. Dann links halten Richtung Info-Remise.

Informativer Startpunkt: die Biologische Station Zwillbrock.

Was macht die Heide so besonders? Und welche Pflanzen können im Hochmoor überleben? Ein kleines Quiz gibt Aufschluss.

Ein erster Blick auf die Flamingoinsel. Na, wo sind die Flamingos?

ROSA GEFIEDER IM VISIER

KM 1

② Info-Remise
Kleines Quiz zu Moor und Heide

Von der ersten Beobachtungskanzel auf dem Rundwanderweg kann man schon mal einen ausgiebigen Blick auf die Brutkolonie der Flamingos werfen und dann draußen vor der Remise der Biologischen Station Energie tanken für die weitere Tour: An Sommerwochenenden und Feiertagen gibt es hier frischen Kaffee, Picknicktische stehen neben dem Schafstall und auf der Magerwiese wachsen im Juni und Juli Hunderte prächtige Orchideen. Ein netter – und informativer – Zeitvertreib ist auch das fest installierte Outdoor-Quiz rund um Hochmoor, Venn und Heide.

Weiter dem Rundweg folgen.

KM 2

③ Aussichtsturm
Flamingos im Visier

Die Heide am Fuß des Aussichtsturms hat ihren Reiz, aber das Highlight in Zwillbrock sind unbestritten die Flamingos. Von der Plattform schweift der Blick weit über den Lachmöwensee und die Flamingoinsel, auf der südamerikanische Chile- und europäische Rosaflamingos brüten. Seit 1982 kommen die Exoten aus ihren Winterquartieren her, in einigen Jahren mehr als 60 Tiere. Mit dem Münzfernglas kann man die nördlichste Flamingobrutkolonie der Welt gut beobachten, manchmal nähern sich die Vögel bei der Nahrungssuche auch den Beobachtungskanzeln. Ursprünglich sind die Flamingos vermutlich aus Zoos und Privathaltung ausgebüxt. Dass sie bleiben, ist den Tausenden (laut-starken) Lachmöwen zu verdanken: Ihr Kot bringt Nährstoffe ins Wasser und beschert den rosa Verwandten Futter im Überfluss.

Ein kurzes Stück zurück und rechts abbiegen, um auf dem Rundweg zu bleiben. Am Kreuzpunkt 83 rechts abbiegen und am Knotenpunkt 41 dem Hinweisschild »Haak en Hoek« folgen.

Sorbet, Frikandel oder Pannenkoek – so schmeckt der kulinarische Ausflug ins Nachbarland.

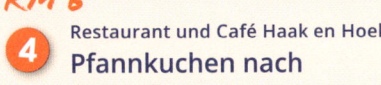

KM 6

4 Restaurant und Café Haak en Hoek
Pfannkuchen nach Omas Rezept

Ganz unvermittelt taucht das Gasthaus auf, das ganz allein mitten im Grünen liegt. Die hübsche Terrasse, an die ein riesiger Kinderspielplatz angeschlossen ist, versteckt sich hinter dem Haus. Das Zwillbrocker Venn grenzt zwar direkt an die Niederlande, so richtig merkt man das aber erst bei einem Blick in die Speisekarte des Haak en Hoek: Frikandel und Pannenkoek – nach Omas Rezept und zum selbst Zusammenstellen – machen auch kulinarisch Lust auf einen Ausflug ins Nachbarland. Kaffee und Kuchen oder ein Sorbet zur Abkühlung sind aber auch zu haben. (www.haakenhoek.nl)

Dem Tichelovenweg nach links folgen und die vierte Möglichkeit – am Ufer des letzten Teichs entlang – rechts abbiegen. Dann wieder nach rechts.

St. Franziskus gilt als besterhaltene Barockkirche des Münsterlands.

EXTRA INFOS:

Wenn von der Beobachtungskanzel an der Remise und dem Aussichtsturm keine Flamingos zu sehen sind, kann man sein Glück auch noch an der ● **Westkanzel** versuchen. Zurück in Zwillbrock lohnt ein Stopp an der ● **St.-Franziskus-Kirche** (www.barockkirche-zwillbrock.de), die vor allem dank ihrer original erhaltenen Inneneinrichtung als besterhaltene Barockkirche des Münsterlands gilt. Direkt gegenüber liegt das ● **Restaurant Kloppendiek** (www.kloppendiek.de), das im Biergarten neben kalten Getränken, Kaffee und Kuchen auch deftig westfälische Küche anbietet.

KM 7
Naturpark De Leemputten
5 Auf dem Wasser schaukeln

KM 10,8 » ZIEL
Parkplatz Biologische Station Zwillbrock

Auf verwinkelten Wasserwegen zwischen dicht bewachsenen Landzungen und Inseln dahingleiten: Den Naturpark De Leemputten, der auf einem 30 Hektar großen Gebiet bei Groenlo aus den Lehmgruben einer in den siebziger Jahren aufgegebenen Ziegelbrennerei entstanden ist, kann man schön mit dem Tretboot erkunden. Wenn das zu anstrengend erscheint, genießt man den Blick in die Natur einfach von einer gemütlichen Paletten-Lounge, die auf einem Ponton im Wasser schaukelt. Mit Kleinigkeiten vom »Kiosk« – eher ein Imbiss – kann man sich auch auf der Terrasse oder der großen Wiese erfrischen. Es gibt sogar einen Strand mit Liegestühlen und für Kinder eine große Matschanlage.

Hinter dem Parkplatz links auf den Wiesenweg, dann rechts und vor der Straße wieder rechts ab. Am See nach links und direkt rechts. Dann links, am Haak en Hoek vorbei die Straße überqueren. Nach links auf den Rundweg und an der Kirche rechts zum Parkplatz.

Im Naturpark De Leemputten kann man herrlich entspannt die Natur genießen.

AUF EINEN BLICK

- **Start/Ziel:** Parkplatz Biologische Station Zwillbrock, Zwillbrock 10, Vreden (nächstgelegene Bushaltestelle: Bomers, Bürgerbus B3 dreimal täglich ab/bis Busbahnhof Vreden)
- **Strecke:** 10,8 km (Rundtour)
- **Reine Wanderzeit:** 2 Std. 30
- **Höhenmeter:** ↗20 m ↘20 m
- **Wegbeschaffenheit:** Vor allem Waldboden und Wiese, zwischendurch auch mal Sand oder Holzbohlen, wenig Asphalt.
- **Beste Zeit:** Mitte März bis Mitte Juli, wenn zahlreiche Flamingos und Lachmöwen im Venn sind. Im August sind nur noch wenige Flamingos vor Ort, dafür blüht dann die Heide.
- **Ausrüstung:** Kamera mit Teleobjektiv, Fernglas oder Kleingeld fürs Münzfernrohr.

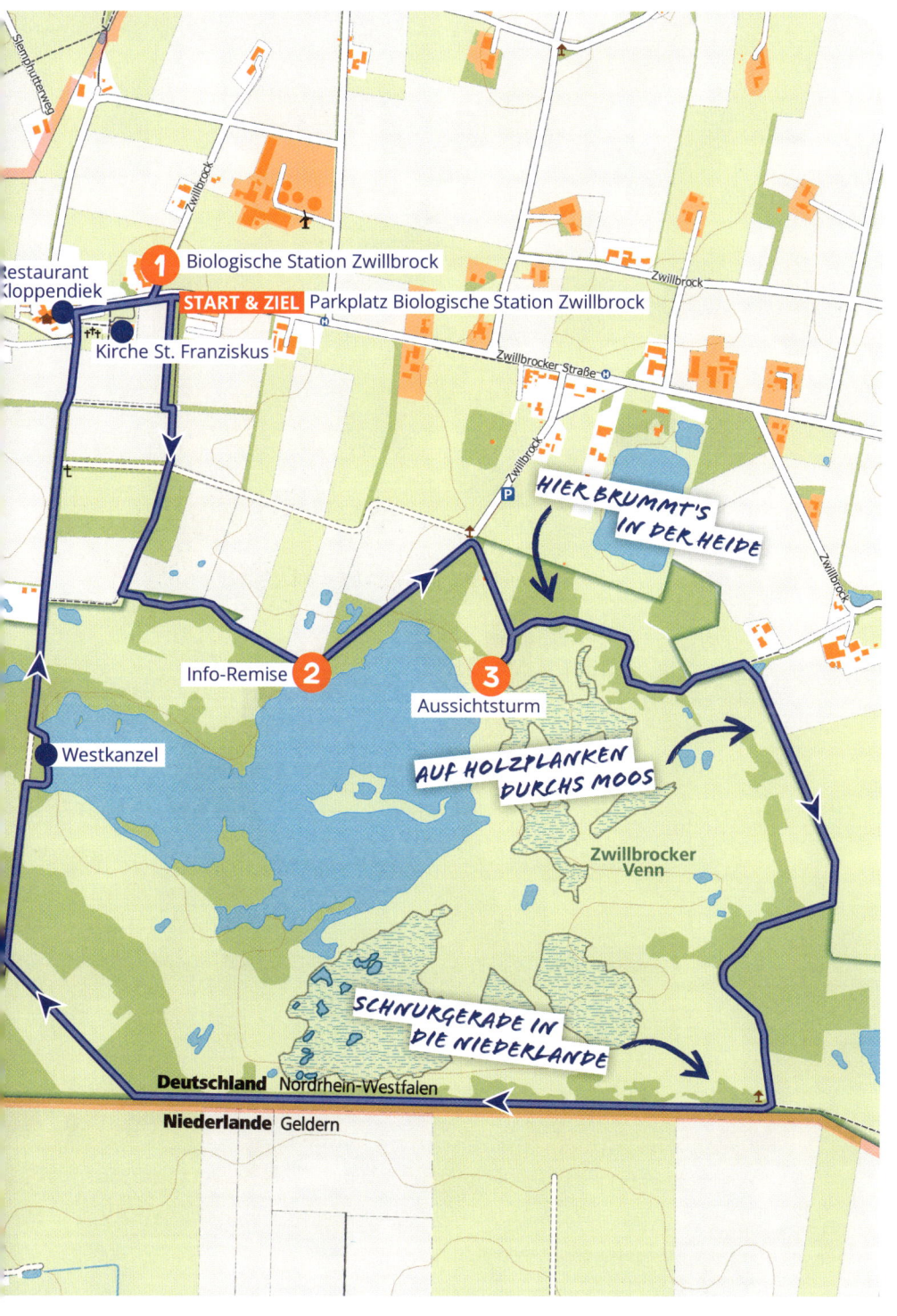

DIE WANDERPAUSEN

» START
Parkplatz Rieselfeldhof

KM 0,1
1 Rieselfeldhof
Holzstege zwischen Vögeln und Libellen

KM 1
2 Rieselwärterhäuschen
Die schmutzige Vergangenheit entdecken

KM 1,5
3 Vogelbeobachtungshütte
Auf seltene Arten warten

AUF INS 7 VOGEL-PARADIES

Durch die Münsteraner Rieselfelder

Stille Natur? Von wegen. Hier zwitschert, tschilpt und piepst es gewaltig: Unzählige verschiedene Vogelarten liefern die perfekte Hintergrundmusik zu Wiesen, Teichen und Seen. Als Zugabe gibt's mitten im Vogelschutzgebiet auch noch ein Froschkonzert. Das ist nicht besonders leise, aber schön.

KM 3
4 Aussichtsturm
Panoramablick aufs Feuchtgebiet

KM 4
5 Biologische Station
Picknick am Mini-Rieselfeld

KM 7,4 » ZIEL
Parkplatz Rieselfeldhof

EIN STORCH KLAPPERT ZUR BEGRÜSSUNG, ...

 ... Frösche quaken, Libellen surren umher. Im Europareservat Rieselfelder ist das der Soundtrack der Natur. Die Außenausstellung des **Rieselfeldhofs** stimmt auf das ein, was das Feuchtgebiet zu bieten hat: Wasser, Röhricht und jede Menge Vögel. Wie die kleine Blässralle, die sich hier mit ihren Küken in der Sonne putzt; die Eierschalen liegen noch daneben.

So nah heran kommt man im Vogelschutzgebiet nur an die wenigsten Bewohner. Doch entlang der asphaltierten Wege, die kilometerweit durch Wiesen und Wasserflächen schneiden, sind sie ständige Begleiter. Sogar die Wildrinder teilen sich ihr Zuhause mit einer Übermacht an Gänsen. Kaum zu glauben, dass das alles aus einer Kläranlage entstanden sein soll. Aber die Rekonstruktion eines alten **Rieselwärterhäuschens** beweist anschaulich die schmutzige Vergangenheit.

WENN SICH DIE KUSCHELWEICHEN KÄLBER DER WILDRINDER STREICHELN LASSEN

Hat da gerade ein Kuckuck gerufen? Ein leises Jagdfieber stellt sich ein. Da ist die **Vogelbeobachtungshütte** genau das Richtige. Selbst schnöde Enten umhüllt etwas Geheimnisvolles, wenn man sie ungesehen beobachten kann. Mit jedem Schritt scheint der unsichtbare Vogelchor jetzt anzuschwellen. Teichrohrsänger machen ihrem Namen Ehre. Dorngrasmücken, Gartenbaumläufer, Zilpzalp. Singen, zwitschern, piepsen. Auf dem Schilf-Lehrpfad knistern weizengelbe Halme als zusätzlicher Sound-Effekt im Wind.

Doch was wirklich los ist, offenbart erst der **Aussichtsturm.** Auf dem Großen Staudeich tummeln sich Hunderte Vögel. Oben zwischen den Bäumen, wo nichts den Gesang dämpft, klingen sie noch lauter. Enten landen flatternd im Wasser, Schwäne gleiten elegant dahin, es wird geputzt und gebrütet.

Am Boden ist von all dem nichts zu sehen. Und die **Biologische Station** rückt andere Bewohner ins Rampenlicht. Das Mini-Rieselfeld unter den Holzstegen gehört den Fröschen, die sich an der Oberfläche sonnen. Unter ihnen schwimmen Algen wie Wolken im Wasser.

Zeit fürs Picknick, bevor es durch ein Wäldchen allmählich zurückgeht. Die Teiche sind jetzt versteckter, Sichtschneisen im meterhohen Schilf zeigen Vögel, die es einsam mögen. Und so wird auch das Konzert am Himmel immer leiser.

Kilometerweit durch Wiesen und Schilf. Immer mit dabei: unzählige Vögel.

Die flauschigen Wildrinder lassen sich sogar streicheln.

Das sympathische Motto dieser Wanderung?

WANDERN & GENIESSEN

» START
Parkplatz Rieselfeldhof

Vom Parkplatz nach links wenden zum Rieselfeldhof.

Ganz nah dran: eine Blässralle mit ihren Küken.

KM 0,1

1 Rieselfeldhof
Holzstege zwischen Vögeln und Libellen

Können Libellen rückwärts fliegen? Der Rieselfeldhof als Teil der Biologischen Station gibt Antworten auf diese und viele weitere Fragen rund um Flora und Fauna des Schutzgebiets – und ist damit der perfekte Start für eine Tour durch die Rieselfelder. Hier kann man Vögel aus nächster Nähe sehen. Holzstege über einer kleinen Wasserfläche führen durch die informative Außenausstellung, ein paar Obstbäume blühen auf der Wiese, es gibt ein Kräuterbeet, ein gut besuchtes Insektenhotel und einen Picknicktisch. Die Ausstellung zur Landschaftsgeschichte der Rieselfelder im ehemaligen Kuhstall des Hofs ist nur sonntags geöffnet. (www.rieselfelder-muenster.de)

Holzstege führen durch die Außenausstellung des Rieselfeldhofs.

Rechts am Parkplatz vorbei dem asphaltierten Weg folgen.

Ein Rieselwärterhäuschen, Überbleibsel der alten Kläranlage.

KM 1,5

③ Vogelbeobachtungshütte
Auf seltene Arten warten

Die Rieselfelder haben sich zu einem einzigartigen Brut- und Rastplatz für seltene und gefährdete Vögel entwickelt. Die erste Beobachtungshütte entstand 1978, mittlerweile gibt es auf verschiedene Gewässer verteilt zehn solcher Hütten – am wenigsten besucht sind meist die Posten auf dem Rückweg Richtung Rieselfeldhof. Durch die verschieb- oder verschließbaren Fenster können Besucher die Vogelwelt in Ruhe beobachten, ohne die Tiere zu stören. Verschiedenste Enten- und Gänsearten sind besonders häufig zu sehen, aber auch Watvögel wie Rot- und Grünschenkel, Dunkler Wasser- oder Kampfläufer sind hier zu Hause. Mit viel Glück kommen einem sogar das seltene Blaukehlchen oder der gefährdete Kiebitz vor die Linse.

Nach der Hütte rechts abbiegen, dann links halten. Den Schilf-Lehrpfad nach rechts verlassen und dem Weg weiter folgen.

KM 1

② Rieselwärterhäuschen
Die schmutzige Vergangenheit entdecken

Bis in die siebziger Jahre dienten die Rieselfelder als Kläranlage: Das Abwasser der Stadt Münster bewässerte die Felder und wurde so biologisch gereinigt. Mit der Verteilung der Abwässer und der Pflege der Zuleitungsgräben waren rund um die Uhr bis zu 33 sogenannte Rieselwärter beschäftigt. Eine der winzigen Unterkünfte, die den Arbeitern zur Verfügung standen, wurde im Naturerlebnisgebiet rekonstruiert. Ein Teil der Ausrüstung ist hier zu sehen und Infotafeln erklären, wie die natürliche Kläranlage früher funktionierte.

Dem Weg weiter folgen und an der T-Kreuzung rechts abbiegen.

Neben Enten und Gänsen fühlen sich auch Watvögel in den Rieselfeldern wohl.

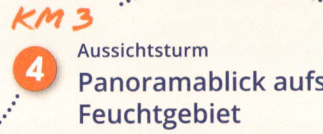

KM 3

4 Aussichtsturm
Panoramablick aufs Feuchtgebiet

Kurz stockt der Atem: Wie groß der Vogelreichtum in den Rieselfeldern ist, kann man erst auf dem zwölf Meter hohen Beobachtungsturm erahnen. Die Plattform ermöglicht einen fast vollständigen Überblick über mehr als 130 kleine Flachgewässer, Feuchtwiesen und Schlammflächen, die sich auf fast 450 Hektar verteilen. Im Mai und September, wenn die Zugvögel vorbeikommen, sind bis zu 150 Arten in dem Gebiet zu Gast; in milden Wintern sind es bis zu 100. Außerdem brüten rund 50 Vogelarten alljährlich im Feuchtgebiet, zahlreiche Gänse- und Entenarten sind ganzjährig zu sehen.

Dem Weg weiter folgen und hinter dem großen Staudeich rechts abbiegen. Am Stauwehr nach links und rechter Hand weiter über den Holzsteg.

Mehr als 130 Gewässer, Feuchtwiesen und Schlammflächen sind vom Aussichtsturm zu sehen.

Blick aus der Vogelperspektive: Jetzt kann man erahnen, wie groß der Vogelreichtum wirklich ist.

Ganz schön laut: die lebende »Ausstellung« im Mini-Rieselfeld.

EXTRA INFOS:

Wen der Hunger quält, der kann schon vor der Biologischen Station bei den Wildrindern eine gemütliche Rast einlegen: Auch hier gibt es einen ● **Picknicktisch.** Man kann die ganze Wanderung aber auch in einem Rutsch laufen und erst am Schluss in der ● **Gaststätte Heidekrug** einkehren. Auf den Tisch kommen überwiegend saisonale und regionale Produkte aus dem Münsterland und vom Münsteraner Wochenmarkt. (www.heidekrugmuenster.de)

KM 4

KM 7,4 » ZIEL
Parkplatz Rieselfeldhof

5 Biologische Station
Picknick am Mini-Rieselfeld

Seit 1976 kümmert sich die Biologische Station um Pflege und Gestaltung der Rieselfelder. Die Ausstellung im Gebäude ist frei zugänglich und zeigt in Schaukästen die verschiedensten Vögel, über eine elektronische Tafel kann man ihre Verbreitung nachvollziehen. Schöner ist allerdings die lebende »Ausstellung« im Mini-Rieselfeld. Im Frühjahr quaken neben den Holzstegen See-, Teich- und kleiner Wasserfrosch – wer sich ein wenig Zeit nimmt, entdeckt Dutzende gut getarnte Tiere an der Oberfläche. Ihr Konzert ist eine schöne Begleitmusik für ein Picknick, der passende Tisch steht unmittelbar am Wasser.

Den rechten Holzsteg nehmen und weiter durchs Wäldchen. Am asphaltierten Weg links, an der Kreuzung wieder links. Rechts auf die Coermühle, sofort links, dann rechts in den Rindenmulchweg. Rechts halten und nach links zurück auf die Coermühle abbiegen. Wieder links zurück zum Parkplatz.

Es lohnt sich, genauer hinzusehen. Wer entdeckt die meisten Frösche?

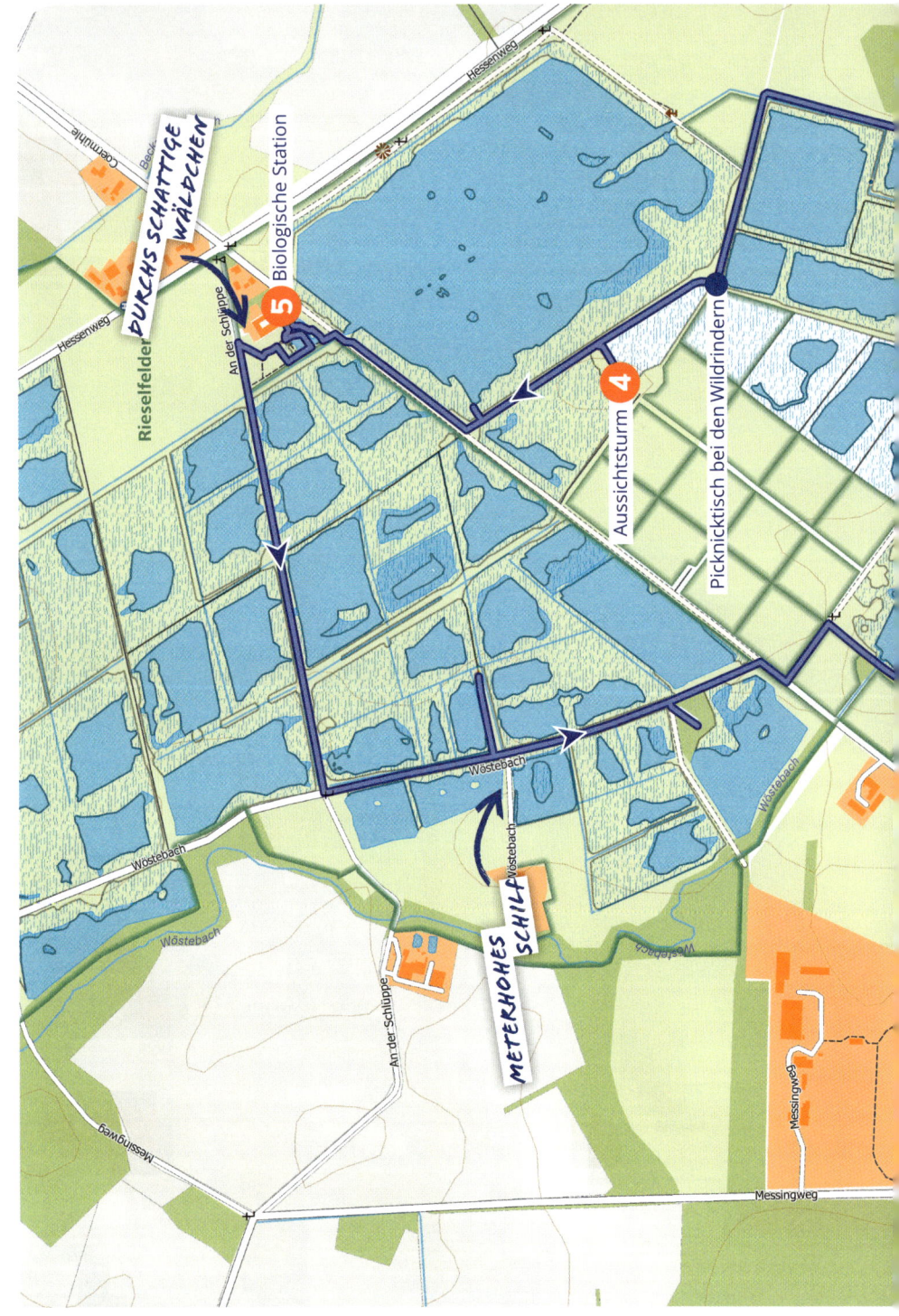

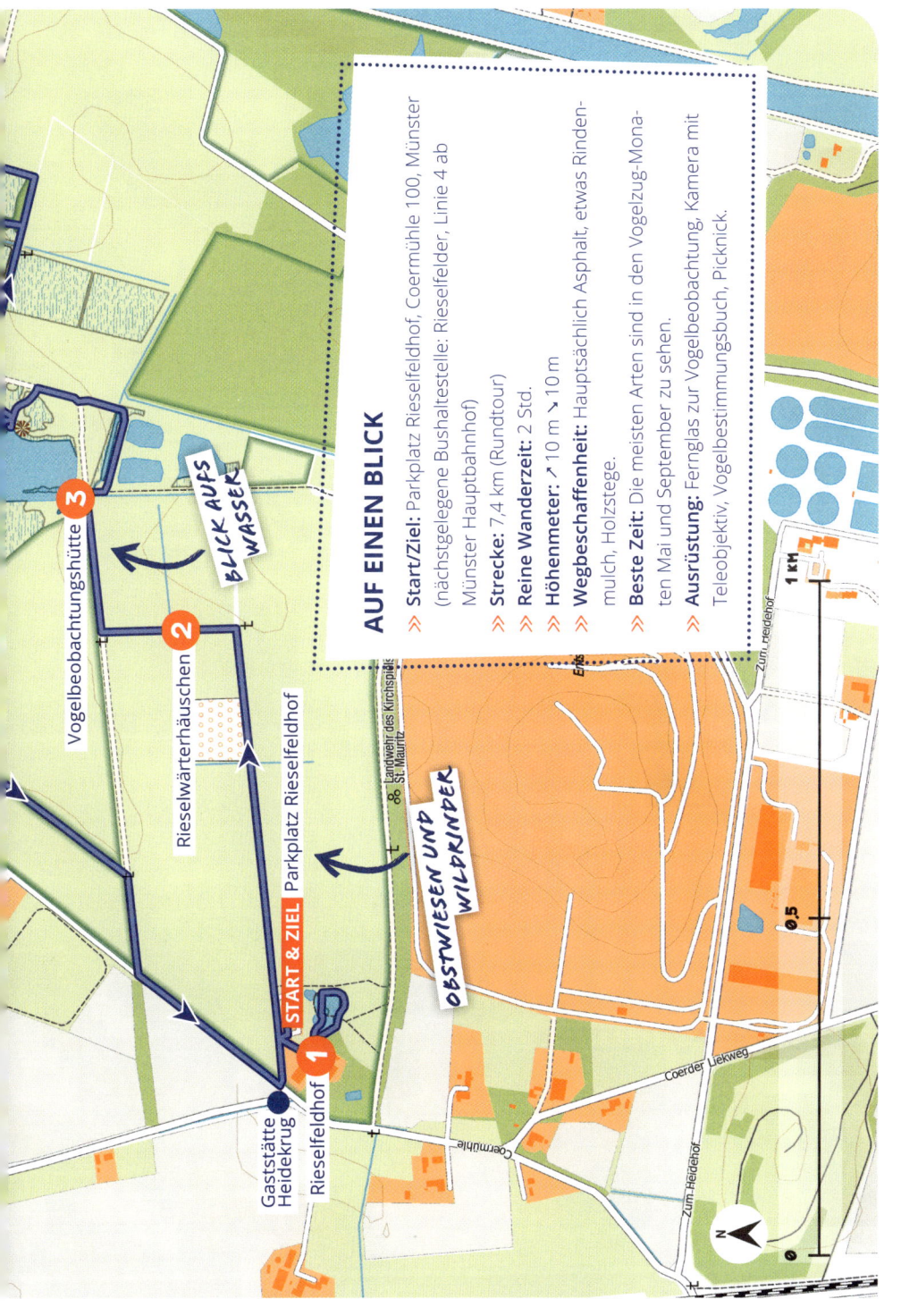

AUF EINEN BLICK

» **Start/Ziel:** Parkplatz Rieselfeldhof, Coermühle 100, Münster (nächstgelegene Bushaltestelle: Rieselfelder, Linie 4 ab Münster Hauptbahnhof)
» **Strecke:** 7,4 km (Rundtour)
» **Reine Wanderzeit:** 2 Std.
» **Höhenmeter:** ↗10 m ↘10 m
» **Wegbeschaffenheit:** Hauptsächlich Asphalt, etwas Rindenmulch, Holzstege.
» **Beste Zeit:** Die meisten Arten sind in den Vogelzug-Monaten Mai und September zu sehen.
» **Ausrüstung:** Fernglas zur Vogelbeobachtung, Kamera mit Teleobjektiv, Vogelbestimmungsbuch, Picknick.

DIE WANDERPAUSEN

» START
Bahnhof Coesfeld

KM 3
1 Wanderliege
Versteckspiel im Gras

KM 6
2 Kloster Gerleve
Kuchen im Klostercafé

KM 7
3 Ludgerirast
Im Zwiegespräch mit dem heiligen Ludgerus

8
DEM HIMMEL SO NAH

Auf dem Ludgerusweg durch die Baumberge

Es sind nicht die Alpen, aber auch auf dem höchsten Höhenzug des Münsterlands kratzen Bäume und Kirchtürme an den Wolken. Dazu gibt's in gut verdaulichen Häppchen ein Stück Kirchengeschichte unter freiem Himmel: eine Pilgerreise durch Wiesen und Felder auf den Spuren des ersten Bischofs von Münster.

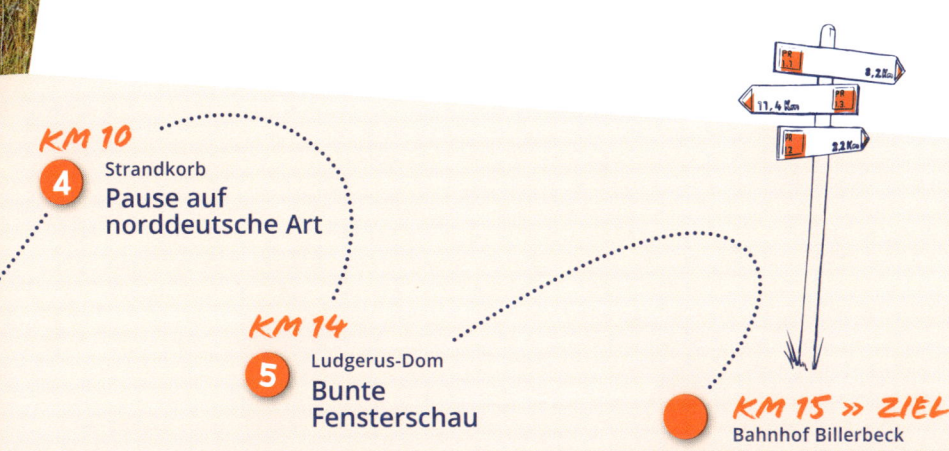

KM 10
4 Strandkorb
Pause auf norddeutsche Art

KM 14
5 Ludgerus-Dom
Bunte Fensterschau

KM 15 » ZIEL
Bahnhof Billerbeck

INS GRÜNE IST DER ÜBERGANG ...

 ... fließend: Eben war man noch am Coesfelder Bahnhof, doch bald schon säumen die Häuser die Umflut, die sich als Flusslauf der Berkel ihren Weg durch die Böschung bahnt. Ein alter Pulverturm, ein Fachwerkhaus, davor setzt eine Frau im Badeanzug – nur eine Skulptur – zum Sprung ins Wasser an. Wie hübsch!

Erste Bäume stehen Spalier, wachsen zum Wald zusammen, um gleich wieder Platz zu machen: Nur eine einzelne Baumreihe trennt die weiten Felder vom Horizont, so als müsste die Grenze zwischen Himmel und Erde gewahrt werden. Versteckt im hohen Gras steht eine **Wanderliege,** ein Bett am Kornfeld. Äpfel und Birnen schaukeln an ihren Ästen und wenn der Wind durch Hafer, Raps und Roggen streicht, klingt es jedes Mal anders. Mal knistern die Halme wie trockenes Schilf, mal rascheln sie wie Zeitungspapier. Geräusche, in die man versinkt, bis ein Trecker die Gedanken aufschreckt.

WENN DIE GLOCKE DES KLOSTERS GERLEVE IM RICHTIGEN MOMENT ZUR BEGRÜSSUNG SCHLÄGT

Gerade rechtzeitig. Hinter einer Wildblumenwiese wächst aus den Bäumen das **Kloster Gerleve** als mächtige Festung empor. Den heiligen Ludgerus trifft man hier zum ersten Mal: Der gelbe Bischof auf schwarzem Grund wandert von nun an mit durch die Stationen seines Lebens. Weiche Wiese schneidet durch die Felder, als würden sie für den Heiligen zur Seite treten. Hier, an der **Ludgerirast,** soll er sich einst ausgeruht haben – und die sonore Stimme aus dem Begleit-Podcast fragt: Ist der Blick nicht herrlich? Will man hier nicht bleiben?

Man will. Aber in der Ferne piksen schon die Spitzen des Billerbecker Doms in die Wolken. Das wirkt imposant, doch es sind die kleinen Dinge, die die Unendlichkeit der Felder unterbrechen und sich einbrennen: schnatternde Gänse, eine halb verfallene Scheune, ein **Strandkorb** samt Kühlschrank, in dem auf Vertrauensbasis Getränke bereitstehen.

Nur noch über die winzige Ludgerus-Brücke, dann wartet der Ortseingang von Billerbeck. Ein bisschen deplatziert fühlt man sich zwischen den Tischen und Schirmen am Markt nach all der Einsamkeit. Schnell rein in den **Ludgerus-Dom,** dessen prächtige Fenster ohnehin erst im Inneren ihren wahren Zauber entfalten. Die Bahn zurück nach Coesfeld – kann warten.

»Die Badende« an der Berkel lässt sich gerne fotografieren.

Die Johanniskirche kurz vor dem Billerbecker Dom.

Die halb verfallene Scheune macht das Panorama erst perfekt.

WANDERN & GENIESSEN

Bahnhof Coesfeld

Ein Bett im Kornfeld ... na ja, fast. Schön versteckt im hohen Gras ist die Wanderliege allemal.

Vom Bahnhof nach rechts um die Kurve auf die Hansestraße. Links ab und am Kreisverkehr die zweite Ausfahrt auf die Gartenstraße nehmen. Dann nach rechts über den Südwall an der Umflut entlang und hinter dem Pulverturm rechts abbiegen. Über die Überführung und an der T-Kreuzung am Ende des Waldstücks links. Hinter dem Feld an der Baumreihe rechts ab.

KM 3

Wanderliege
Versteckspiel im Gras

Als höchste Erhebung des Münsterlands bieten die Baumberge unschlagbare Ausblicke in die Ferne. Damit Wandernde das Panorama ganz in Ruhe und möglichst entspannt würdigen können, verteilen sich insgesamt 15 hölzerne Wanderliegen auf den 30 Kilometer langen Ludgerusweg und seine Zuwege. Doch auf dem Abschnitt zwischen Coesfeld und Billerbeck liegt nur die erste so wunderbar versteckt im hohen Gras. Von hier kann man ganz ungestört den weiten Blick über Felder und Bäume genießen. Einfach herrlich!

Dem Weg weiter folgen, dann links auf den Jakobiberg abbiegen.

KM 6

② Kloster Gerleve
Kuchen im Klostercafé

Einen Moment innehalten. Genau hier machte schon der heilige Ludgerus Rast.

Die Benediktinerabtei Gerleve, in der seit Beginn des 20. Jahrhunderts Mönche leben und wirken, strahlt vor allem Ruhe und Besinnlichkeit aus. Man kann hier einen Blick in die schlichte Abteikirche werfen, im Buchladen stöbern und natürlich in der Klostergaststätte einkehren. Serviert wird neben Kaffee und Kuchen auch einfache Hausmannskost. Sogar einen Picknickkorb kann man sich hier packen lassen. Im angeschlossenen Klostershop werden »Klösterliche Spezialitäten« wie der Gerlever Kräuterlikör, Honig und Konfitüren verkauft. (www.abtei-gerleve.de)

Weiter über den Parkplatz und an der ersten Station des Sint-Lürs-Wegs rechts den schmalen Pfad nehmen. Weiter der Beschilderung folgen und an der Landstraße nach links.

KM 7

③ Ludgerirast
Im Zwiegespräch mit dem heiligen Ludgerus

Jetzt ein Stück Kuchen! Das Klostercafé kommt gerade recht.

Der heilige Ludgerus ist der wohl bedeutendste Missionar des Münsterlands. An dieser Stelle rastete der erste Bischof von Münster im Jahr 809 auf seinem Weg nach Billerbeck, segnete das Münsterland und starb am nächsten Morgen. Heute erinnert nicht nur das Denkmal auf dem Coesfelder Berg daran. Wer den Blick über das westliche Münsterland schweifen lässt, sieht, was Ludgerus gesehen hat. Und wer den QR-Code auf der Infotafel scannt, hört im Podcast über das Leben des Heiligen, was Ludgerus vielleicht zu sagen hätte. Die Ludgerirast ist nur einer von mehreren Punkten zum Innehalten auf dem Sint-Lürs-Weg zwischen Kloster Gerleve und Billerbeck. Der erste Halt befindet sich an der Einfahrt des Klosters. (www.ludgerus.info)

Ein Stück zurück die Landstraße entlang und an der Wegmarkierung links abbiegen. Weiter den Schildern »Sint-Lürs-Weg« folgen.

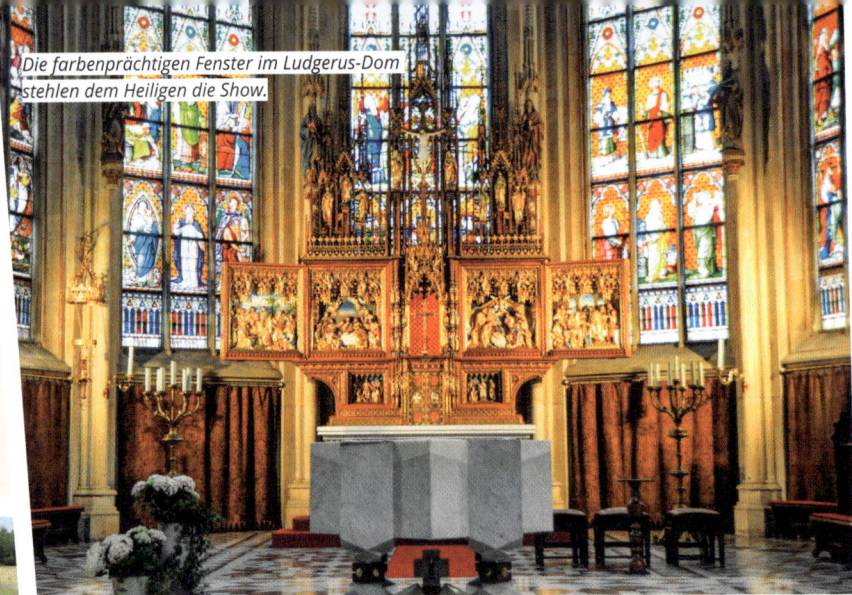

Die farbenprächtigen Fenster im Ludgerus-Dom stehlen dem Heiligen die Show.

Das Preisschild weist den Weg zu einem kühlen Getränk im Strandkorb.

HIER GIBT'S EINE ERFRISCHUNG

KM 10

4 Strandkorb
Pause auf norddeutsche Art

Wunderbar unkompliziert kommt die Idee eines lokalen Bauern daher: Ein Strandkorb, dazu ein paar Stühle und ein kleiner Kühlschrank – fertig ist der unkonventionelle Rastplatz für durstige Wandernde fernab der Küste. Wenn am Wegrand nicht das Schild mit der Aufschrift »1,50« wäre, würde man glatt vorbeilaufen. Eine kleine Auswahl kalter Getränke wird hier in Selbstbedienung und auf Vertrauensbasis verkauft, die Kasse steht auf dem Kühlschrank. Also: Füße ausstrecken, entspannen und erfrischen!

Weiter der Beschilderung folgen. Die Johanniskirche rechts liegen lassen und durch die Fußgängerzone zum Dom.

KM 14
5 Ludgerus-Dom
Bunte Fensterschau

Der Billerbecker Dom wurde 1892–1898 an der Stelle errichtet, wo der heilige Ludgerus gestorben sein soll. Überall wird in der neugotischen Kirche an den frühen Missionar erinnert: In einer Giebelnische der Westfassade findet sich eine Figur des Heiligen, auf der linken Seite des Chorraums gibt es eine Stele mit Reliquien, eine Ludgerus-Büste und im Boden eine Bronzeplatte mit seiner Darstellung. Die Sterbekapelle im Südturm steht dort, wo sein Sterbehaus gewesen sein soll. Doch all dem stehlen die Fenster – zumindest für alle, die nicht des Heiligen wegen zum Dom pilgern – locker die Show. Besonders die 15 Meter hohen dreiteiligen Chorfenster beeindrucken mit ihrer Farbenpracht. Und im mittleren Fenster taucht, wie sollte es anders sein, auch wieder Ludgerus auf. (www.domsite-billerbeck.de)

Aus dem Dom heraus rechts halten und der Bahnhofstraße zum Bahnhof folgen.

EXTRA INFOS:

Kunstinteressierte können in Billerbeck einen Rundgang durch die ● **Kolvenburg** machen (www.kolvenburg.de). Die denkmalgeschützte kleine Wasserburg aus dem 15. und 16. Jahrhundert zeigt im historischen Ambiente wechselnde Ausstellungen mit Werken international renommierter und zeitgenössischer Künstler.

Wer die Wanderung mit einer Mahlzeit abschließen möchte, findet am ● **Marktplatz** vor dem Ludgerus-Dom mehrere Restaurants und Cafés. Hier kann man schön mit Blick auf die mächtige Kirche draußen sitzen.

KM 15 » ZIEL
Bahnhof Billerbeck

Weithin sichtbar: die Türme von Ludgerus-Dom und Johanniskirche.

AUF EINEN BLICK

- **Start:** Bahnhof Coesfeld/ Bahnhof Billerbeck
- **Ziel:** Bahnhof Billerbeck
- **Strecke:** 15 km (Streckentour)
- **Reine Wanderzeit:** 4 Std.
- **Höhenmeter:** ↗120 m ↘80 m
- **Wegbeschaffenheit:** Waldboden, Wiese, bis zum Kloster Gerleve und in Billerbeck Asphalt.
- **Beste Zeit:** Ganzjährig.
- **Ausrüstung:** Smartphone zum Scannen der QR-Codes am Sint-Lürs-Weg, evtl. Kopfhörer.

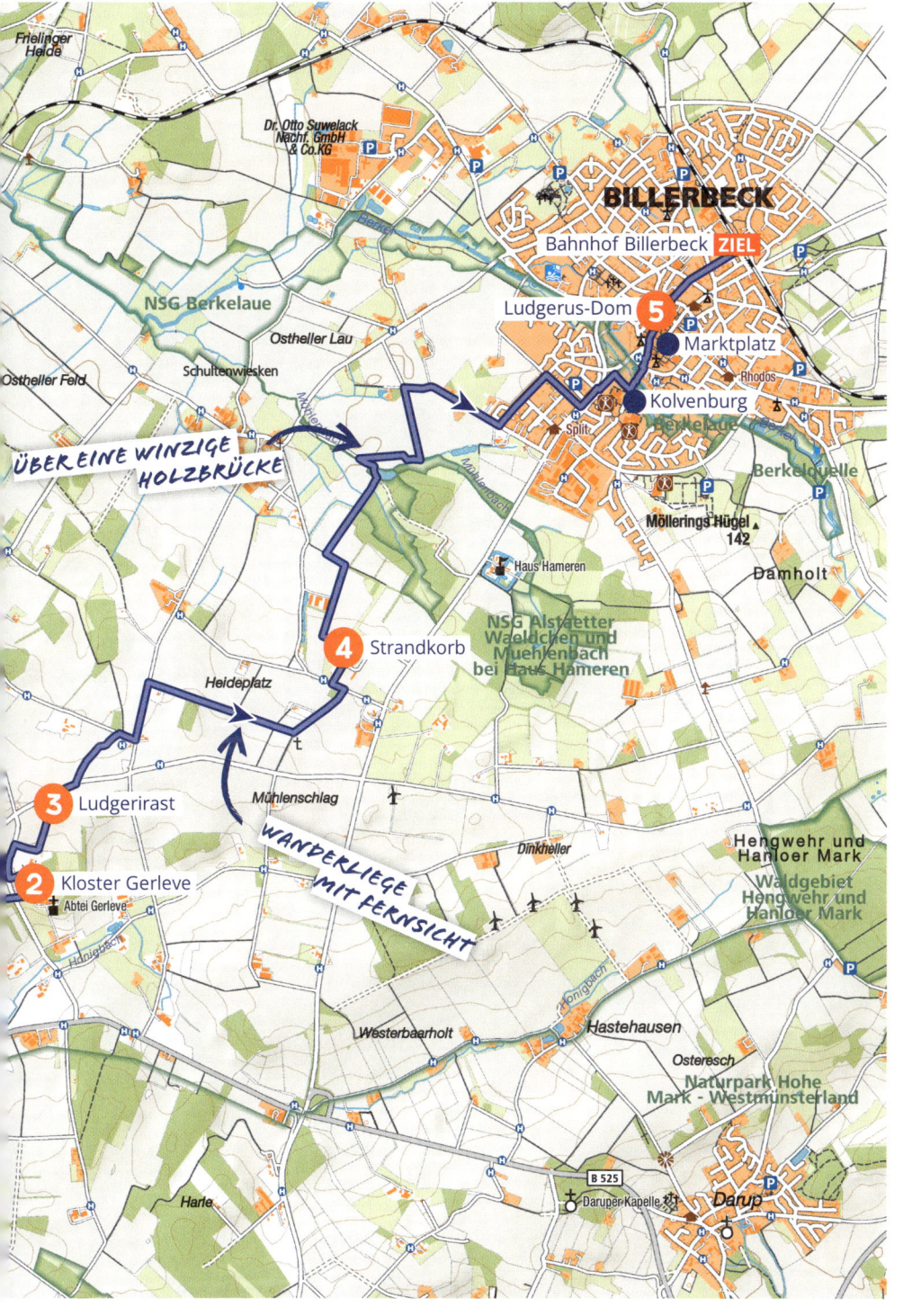

DIE WANDERPAUSEN

» START
Parkplatz Haus Rüschhaus

KM 2
① Droste-Denkmal
Gedichte lesen und hören

KM 5
② Droste-Museum
Eintauchen ins Leben einer Dichterin

KM 5,5
③ Burg Hülshoff – Center for Literature
Picknick im Park

DER POESIE AUF DER SPUR

Auf dem Lyrikweg von Haus Rüschhaus nach Burg Hülshoff

Hundertfach ging die Dichterin Annette von Droste-Hülshoff diesen Weg. Mehr als 150 Jahre später hallen ihre Worte noch immer durch alte Alleen, hängen über Wiesen und Feldern. Der schlichten münsterländischen Parklandschaft verleihen sie etwas Erhabenes – und machen sie zum sprechenden Outdoor-Museum.

KM 9,5
4 Haus Vögeding
In Architektur und Geschichte schwelgen

KM 11
5 Haus Rüschhaus
Fotostopp mit Flair

KM 11,3 » ZIEL
Parkplatz Haus Rüschhaus

NICHT SONDERLICH POETISCH ...

 ... sieht der Wald aus, an den sich der Parkplatz von Haus Rüschhaus drückt. Die Bäume halten Abstand, der Farn steht niedrig, irgendwie könnte alles verwunschener sein. Dann lässt eine der ersten Infostationen des »Droste Landschaft : Lyrikwegs« aufhorchen: 300 Jahre alt ist die Eibe, schon Annette von Droste-Hülshoff muss sie bei ihren Streifzügen gesehen haben. Schnell ist klar, dass es sich lohnt immer wieder näher hinzuschauen – und hinzuhören. Am **Droste-Denkmal** zum Beispiel, wo die multimediale Begleit-App ein Gedicht rezitiert, während der Blick über die Allee zwischen den Feldern schweift.

WENN EINEM EIN GEDICHT AUS DER SEELE SPRICHT

Asphalt führt durch die Landschaft, verwundet das urtümliche Bild, das es hier mal gegeben haben muss. Doch es gibt Blitzlichter in die Vergangenheit: Wiesen, auf denen Störche nach Futter suchen. Ein Pferdegespann, das am historischen Wegkreuz vorbeifährt. Die renaturierte Aa, wieder dicht bewachsen.

An der Hülshoffer Allee lässt ein modernes, assoziatives Hörstück über wirre Wandergedanken schmunzeln. Geradewegs führt die »lange weite Eichenhalle« zur **Burg Hülshoff**, herausgeputzt als stünde sie nicht schon fast 500 Jahre hier. Riesige Urweltmammutbäume werfen Schatten auf die Wiesen, Hortensien blühen, Gänse dümpeln im Schlossgraben. Es fehlen nur die Frauen in langen Kleidern, dann wäre das stilvolle Picknick im Park die perfekte Szene aus einer Jane-Austen-Verfilmung. Drinnen, im Herrenhaus, zeigt das **Droste-Museum** die passenden Wohnräume.

So schön die Burg ist, man kann es der Droste nicht verdenken, dass es sie hinauszog in die Natur. Bunte Feldblumen duften am Weg, Grillen zirpen in der Streuobstwiese. Und ihr Lieblingsrastplatz, **Haus Vögeding**, ist heute noch idyllisch wie eh und je. Der Rundturm der Wasserburg spiegelt sich im Wassergraben. Als wäre das nicht schon malerisch genug, kreisen auch noch Störche über dem Dach.

Bald führt derselbe Weg zurück, am Ende eines langen Blättertunnels markiert das weiße Tor von **Haus Rüschhaus,** Annettes »Schneckenhaus«, das Ziel. Im Garten ragen kleine Skulpturen über akkurat gestutzte Hecken. Nicht ganz so beeindruckend wie Burg Hülshoff, aber immer noch ein Fotostopp mit Flair.

Blütenpracht am Wegesrand: Kein Wunder, dass es die Droste hinauszog in die Natur.

Heute ist die Aa wieder dicht bewachsen, zu Drostes Zeiten konnte sie zum reißenden Fluss werden.

Kommt ganz unverhofft ein Pferdegespann vorbei, ist das wie ein Blitzlicht in die Vergangenheit.

WANDERN & GENIESSEN

» START
Parkplatz Haus Rüschhaus

Den geraden Weg am Parkplatz entlang weg von Haus Rüschhaus. Am Haus Hüerländer den Pfad nach links nehmen und der Beschilderung folgen. An der Kreuzung, wo es rechts zum Haus Vögeding geht, weiter geradeaus auf dem Twerenfeldweg bleiben.

KM 2

① Droste-Denkmal
Gedichte lesen und hören

Das Projekt »Droste-Landschaft : Lyrikweg« verbindet mit Haus Rüschhaus und Burg Hülshoff – heute beide in Trägerschaft der Annette von Droste zu Hülshoff-Stiftung – die zwei Lebens- und Schaffensorte der wohl bekanntesten deutschsprachigen Dichterin des 19. Jahrhunderts. Eine begleitende App macht die Strecke, die Annette von Droste-Hülshoff selbst oft ging, zum multimedialen Erlebnis: Das Droste-Denkmal ist einer von insgesamt 20 Haltepunkten, die mit Infotafeln und Hörstationen die Vergangenheit lebendig werden lassen. Unter den Augen der Dichterin kann man hier ganz entspannt auf der Bank sitzen, die Landschaft betrachten und intensiv erleben, wie – so Drostes Motto – Naturgetreues durch Poesie veredelt wird. (www.lyrikweg.net)

Weiter der Beschilderung folgen und am historischen Wegkreuz rechts abbiegen. Die Infostation rechterhand zunächst ignorieren und über den Weg Schonebeck geradewegs zur Burg Hülshoff.

Für ein romantisches Picknick im Garten von Burg Hülshoff muss man nicht mal einen schweren Rucksack mitschleppen.

Einer von 20 Haltepunkten am Lyrikweg: das Droste-Denkmal.

KM 5

2 Droste-Museum
Eintauchen ins Leben einer Dichterin

Das kleine Droste-Museum hilft dabei, Annette von Droste-Hülshoff und ihren Drang auszubrechen, um die Natur zu erkunden, besser zu verstehen. Die Ausstellung im Herrenhaus von Burg Hülshoff führt durch mehrere Wohnräume und gewährt nicht nur einen authentischen Einblick ins Leben des münsterischen Adels zur damaligen Zeit, sondern zeigt auch Erinnerungsstücke an die Dichterin und einige persönliche Gegenstände. Interessant ist auch, wie andere Besucher »die Droste« und ihr Werk sehen: Mal haben sie Gedichten mit Naturmaterialien eine Form gegeben, mal die Dichterin selbst visuell der Moderne angepasst. (www.burg-huelshoff.de)

Zurück über die Brücke und links halten, um zum Park auf der anderen Seite des Gebäudes zu gelangen.

Einen authentischen Einblick ins Leben der Dichterin gewährt das Droste-Museum.

KM 5,5

3 Burg Hülshoff – Center for Literature
Picknick im Park

Die Wasserburg Hülshoff, das Geburtshaus von Annette von Droste-Hülshoff, ist von einem weitläufigen Park umgeben. Im 30 Hektar großen Landschaftsgarten kann man schön durchs Lustwäldchen spazieren, das Wildgehege und das kleine Teehaus entdecken. Und die große Liegewiese mit Blick auf das Herrenhaus, in der Mitte des 16. Jahrhunderts als geschlossene Renaissanceanlage gebaut, ist der ideale Platz für ein romantisches Picknick. Einen schweren Wanderrucksack muss man dafür gar nicht mitnehmen: Wer mindestens 24 Stunden vorbestellt, bekommt vom Café-Restaurant der Burg ein »Original Hülshoff-Picknick« – mit Wein, Sandwiches, Obst und allerlei anderen Leckereien aus der Burgküche. Mondäner geht es kaum. (www.burg-huelshoff.de)

Die Allee zurück und links auf den Feldweg abbiegen. Dann zweimal rechts, um wieder auf den eigentlichen Lyrikweg zu kommen. Dieselbe Strecke wie auf dem Hinweg ein Stück zurück, nach der Aabrücke aber nicht rechts abbiegen, sondern auf dem Schonebecker Weg bleiben.

Noch ein Geheimtipp: das wunderschöne Haus Vögeding.

KM 9,5

4 Haus Vögeding
In Architektur und Geschichte schwelgen

Typisch westfälische Kost vor historischer Kulisse gibt's im Café-Restaurant Droste.

Ganz bezaubernd spiegelt sich recht unvermittelt der Rundturm von Haus Vögeding im Wassergraben – in Sachen Schönheit kann es die Wasserburg durchaus mit Burg Hülshoff aufnehmen. Am hübschen Picknickplatz hält man es jedenfalls nicht lange aus; zu groß ist der Drang, das Anwesen aus dem 16. Jahrhundert aus unterschiedlichen Blickwinkeln zu bewundern. Leider sind die Möglichkeiten dafür begrenzt: Die Burg befindet sich in Privatbesitz. Auch Annette von Droste-Hülshoff machte hier übrigens gerne Rast, wenn sie mit ihrem Freund Levin Schücking ausgedehnte Spaziergänge unternahm. Von 1827 bis 1939 war die Burganlage in Besitz ihrer Familie.

Dem Weg weiter folgen und links abbiegen. Es geht dieselbe Strecke wie auf dem Hinweg zurück.

EXTRA INFOS:

Wahlweise im Innenhof von Burg Hülshoff oder im Gewölbekeller bekommt man im Café-Restaurant ● **DROSTE 1797** (www.burg-huelshoff.de) typisch westfälische Kost.

Wer die Tour lieber am Ende mit einem kühlen Getränk Revue passieren lassen möchte, kann auch kurz vor Haus Rüschhaus im ● **Haus Hüerländer** (www.hotel-hueerlaender.de) einkehren. Hier gibt es gutbürgerliche Küche und im Sommer einen Biergarten.

KM 11
⑤ Haus Rüschhaus
Fotostopp mit Flair

KM 11,3 » ZIEL
Parkplatz Haus Rüschhaus

Eine Burg ist Haus Rüschhaus nicht. Aber der elegante, idyllische Landsitz, den Annette von Droste-Hülshoff mit ihrer Mutter und ihrer Schwester nach dem Tod des Vaters 1826 bezog, glich für die Dichterin »einer verwünschten Trauminsel«. Hier zog sie sich in ihr Arbeits- und Wohnzimmer – ihr »Schneckenhäuschen« – zurück und widmete sich ihrem Lieblingsthema: der Natur. Das in der Mitte des 18. Jahrhunderts von Johann Conrad Schlaun erbaute Anwesen kann nur zu festgelegten Zeiten im Rahmen einer Führung besichtigt werden, eine stimmungsvolle Beschreibung liefert aber auch der per App abrufbare Text »Rüschhaus« von Florian Werner. Frei zugänglich ist der barocke Ziergarten nach französischem Vorbild – so hat man immer wieder neue tolle Fotoperspektiven. (www.burg-huelshoff.de)

Durch das Tor zurück zum Parkplatz.

Für Annette von Droste-Hülshoff war Haus Rüschhaus eine »verwünschte Trauminsel«.

DIE WANDERPAUSEN

»START
Münster Hauptbahnhof

KM 1
① Giant Pool Balls
Sightseeing im Pop-Art-Format

KM 5
② Haus Kump
Fotogenes Fachwerk

KM 6
③ Mühlenhof-Freilichtmuseum
Spaziergang durch die Jahrhunderte

NATUR 10 TRIFFT KULTUR

Vom Aasee hinein in Münsters Altstadt

Es müssen nicht immer blühende Heideflächen, dichte Wälder oder Moore sein – Wandern kann man auch in der Stadt, vor allem wenn Natur und Kultur so geballt auftreten wie im Zentrum des Münsterlands. Die perfekte Location fürs »urban hiking«: Münsters Kult(ur)see.

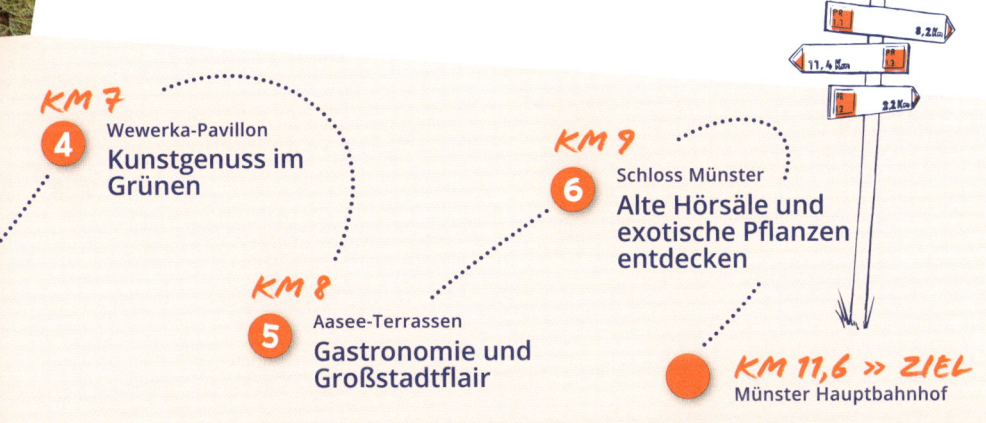

KM 7
4 Wewerka-Pavillon
Kunstgenuss im Grünen

KM 8
5 Aasee-Terrassen
Gastronomie und Großstadtflair

KM 9
6 Schloss Münster
Alte Hörsäle und exotische Pflanzen entdecken

KM 11,6 >> ZIEL
Münster Hauptbahnhof

EINEN TUNNEL AUS LICHT ...

 ... und frischem Grün betritt man durchs schmiedeeiserne Tor der Engelenschanze, kaum liegt der Bahnhof zurück: Tausende Linden säumen die Promenade, die sich heute anstelle der Stadtmauer um die Altstadt schließt und als autofreie Allee zum Aasee führt.

Schon von Weitem grüßen die **»Giant Pool Balls«,** nur eine von vielen Skulpturen, die rund um den See in die Landschaft gestreut sind. Zwischen Studierenden und Segelbooten fühlt sich der Weg noch urban an, doch die Natur rückt jetzt mit jedem Atemzug näher. Weiden beugen sich übers Wasser, Röhricht raschelt im Wind. Immer schmaler wird der See, bis nur noch die Aa übrig bleibt. Die Schritte federn auf der weichen Erde, Schafe grasen am Fluss, ein Graureiher stakst lautlos durchs Wasser.

WENN DER DUFT DER WILDBLUMENWIESEN IN DIE NASE STEIGT

Vorbei am fotogenen Fachwerk des alten **Haus Kump** geht's durch den Räuberwald zurück zum See. Plötzlich bellen ein paar Robben. Ach ja, der Zoo liegt gleich um die Ecke. Ansonsten prägen weitläufige, teils wilde Wiesen, Hecken und Bäume die münsterländische Parklandschaft am Westufer. Dazu passt auch die historische Windmühle, die mit dem **Freilichtmuseum** ins Blickfeld rückt.

Modern ist dagegen der **Wewerka-Pavillon,** den Kunststudent:innen mitten auf den Aasee-Wiesen als gläserne Galerie nutzen. Ein Blick durch die Fenster lohnt, bevor die Seerunde an den trubeligen **Aasee-Terrassen** endet und man wieder auftaucht aus Ruhe und Weite, um sich bei Eis oder Kaffee über die schönste Pause des Tages zu freuen.

Genug Menschen geguckt? Weniger urwüchsig als am Südende des Sees, erinnert das nächste Stück renaturierte Aa eher an einen Sommer in Schweden – mit kleinem Sandstrand und lachenden Kindern, die mit ihren Keschern im Wasser stehen. Also Schuhe aus, Füße rein und herrlich frisch weiter zum prächtigen **Schloss:** einem Vorboten für den Prunk der Altstadt. Am Dom vorbei geht es zu den hübschen Giebelhäusern am Prinzipalmarkt und dem historischen Rathaus, bevor man durch die Fußgängerzone wieder auf die Promenade gelangt und den Kreis zum Bahnhof schließt.

In den hübschen Giebelhäusern am Prinzipalmarkt residieren heute noble Geschäfte.

Wilde Wiesen und Bäume prägen die Parklandschaft am Westufer des Aasees.

Ein Stück renaturierte Aa – sogar einen Sandstrand gibt es hier.

WANDERN & GENIESSEN

» START
Münster Hauptbahnhof

Durch den Hauptausgang, dann die Straße überqueren und geradeaus. An der Ampel durch den kleinen Park und über die Brücke auf die Promenade. Dort links halten.

KM 1

1 Giant Pool Balls
Sightseeing im Pop-Art-Format

Haus Kump gehört zu den ältesten Höfen des Münsterlands.

Eine Weile haben die Münsteraner:innen gebraucht, um sich an die »Giant Pool Balls« am Nordufer des Aasees zu gewöhnen: Tatsächlich wollten aufgebrachte Einwohner sie aus Protest in den See rollen, doch inzwischen sind die drei riesigen Billardkugeln zum Markenzeichen der Stadt geworden. Der weltbekannte Pop-Art-Künstler Claes Oldenburg hat die Betonkugeln mit einem Durchmesser von 3,5 Metern schon 1977 für die ersten »Skulptur Projekte Münster« geschaffen. Im Laufe der Jahre sind ihm andere Künstler gefolgt: So finden sich inzwischen rund um den Aasee viele Skulpturen, die im Rahmen der renommierten Ausstellung entstanden sind. (www.skulptur-projekte-archiv.de)

Die Giant Pool Balls rechts liegen lassen und den Weg am linken Seeufer nehmen. Über die kleine Fußgängerbrücke den See überqueren und links an der Aa entlang, bis Haus Kump auftaucht.

Erst verhasst, dann lieb gewonnen: Die »Giant Pool Balls« sind mittlerweile Münsters Markenzeichen.

KM 5

② Haus Kump
Fotogenes Fachwerk

Haus Kump besteht schon seit dem Jahr 889 und gehört damit zu einem der ältesten Höfe des gesamten Münsterlands. Wunderschöner Blickfang ist der 1549 erbaute Fachwerkspeicher. Wer um das denkmalgeschützte Gebäude geht, entdeckt immer neue Fotoperspektiven und interessante Details. Leider ist der Speicher meist verschlossen, einen Blick ins Innere und damit auf die Ausstellung zum Gebäude kann man aber am Tag des offenen Denkmals erhaschen. Heute residiert auf der umgebauten und modernisierten Hofanlage übrigens die Handwerkskammer Münster mit ihren Akademien für Gestaltung und Bauhandwerk. (www.stadt-muenster.de/denkmalpflege/stadtarchaeologie)

Den Hof überqueren, am Ende der Pferdewiese rechts halten und in den Wald abbiegen. Am Pavillon links ab. Über die Brücke und weiter geradeaus.

Das Mühlenhof-Freilichtmuseum zeigt, wie die Menschen in der Region früher lebten.

KM 6

③ Mühlenhof-Freilichtmuseum
Spaziergang durch die Jahrhunderte

Auf kleiner Fläche komprimiert das Mühlenhof-Freilichtmuseum 400 Jahre Münsterland und Emsland. Bauernhäuser, Werkstätten, eine alte Schule und ein Dorfkrug zeigen, wie die Menschen in der Region früher lebten und arbeiteten. Herzstück des Museums ist eine Bockwindmühle aus dem 18. Jahrhundert, so wie die meisten der rund 30 Gebäude ein Originalbau, der auf den Mühlenhof umgesetzt wurde. Viele Aktionen – vom Weben bis zur Kutschfahrt – hauchen der Geschichte das Jahr hindurch Leben ein, es macht aber auch einfach Spaß, durch die Bauerngärten zu schlendern und eine Pause im Museumscafé einzulegen. (www.muehlenhof-muenster.org)

Das Museum nach links verlassen und weiter am See entlang. Hinter der Torminbrücke den Hügel hinauf.

Das Schloss Münster punktet mit seiner originalgetreuen Fassade, alten Hörsälen und einem Botanischen Garten.

KM 7

4 Wewerka-Pavillon
Kunstgenuss im Grünen

Als »Schaufenster der Kunstakademie« bezeichnet die Stadt Münster den Wewerka-Pavillon. Studierende der staatlichen Hochschule für Bildende Künste in Westfalen, aber auch renommierte Kunstschaffende nutzen die gläserne Halle im Grünen, um ihre Werke einem breiten Publikum zu präsentieren. Das ganzjährige Ausstellungsprogramm ist rund um die Uhr frei zugänglich, denn die Objekte – so die Besonderheit – können nur von außen betrachtet werden. Ursprünglich wurde der Glaskubus vom Architekten und Künstler Stefan Wewerka für die documenta in Kassel entworfen. (www.kunstakademie-muenster.de/infos-fuer-studierende)

Weiter geht's am Seeufer entlang zu den Aasee-Terrassen.

KM 8

5 Aasee-Terrassen
Gastronomie und Großstadtflair

Relaxen am See – entweder mit Kaffee und Kuchen am Ufer oder im Boot auf dem Wasser.

Auf den Aasee-Terrassen, einem mit dem Architektur-Preis NRW ausgezeichneten Ensemble aus Freitreppe und Seebühne, kann man mit herrlichem Blick über den See relaxen. Das A2 bietet Restaurant, Bistro und SkyBar, am schönsten sitzt man aber direkt am Wasser. Wer mag, leiht nebenan bei der Segelschule Overschmidt ein Tret- oder Ruderboot aus oder bricht mit der Solaaris zu einer gemütlichen Fahrt über den See auf. Für die komplette Aaseerunde braucht das Solarschiff eine Stunde, die Wanderung lässt sich aber auch mit einem kurzen Törn vom Mühlenhof-Freilichtmuseum zu den Aasee-Terrassen abkürzen. (www.aaseeterrassen.de)

Dem See bis zu den Giant Pool Balls folgen, dort links halten. Am Biergarten des Spatzl vorbei über die Wiese und die Promenade überqueren. Dann die Treppe runter und links an der Aa entlang. Am Hallenbad zurück auf die Promenade, die Gerichtsstraße überqueren und weiter zum Schloss.

KM 9
6 Schloss Münster
Alte Hörsäle und exotische Pflanzen entdecken

Das Schloss Münster, 1767–1787 errichtet, war bis 1803 fürstbischöfliche Residenz. Heute ist die barocke dreiflügelige Anlage, elegant gestaltet mit rotem Back- und hellem Sandstein, Sitz der Westfälischen Wilhelms-Universität. Da der Bau 1945 zerbombt und nur die Außenfassade originalgetreu wiederaufgebaut wurde, gibt es drinnen nicht viel Historisches zu sehen. Mit etwas Glück kann man aber einen Blick in die alten Hörsäle werfen oder man kommt pünktlich zum Glockenspiel, das seit den fünfziger Jahren dreimal täglich vom Dach erklingt. Lohnenswert ist auch ein Spaziergang durch den Botanischen Garten hinter dem Schloss mit 23 Themengärten. (www.muensterland.com)

Den Schlossplatz überqueren und geradeaus über Frauenstraße und Überwasserkirchplatz bis zum Domplatz. Am Dom vorbei nach links auf den Prinzipalmarkt und rechts in die Salzstraße abbiegen. An der Promenade rechts und am Museum für Lackkunst links zurück zum Bahnhof.

EXTRA INFOS:

Eine schöne Einkehrmöglichkeit am Aasee, nicht allzu weit vom Start entfernt, bietet auch das italienische Restaurant ● **Moro 112** auf seiner Terrasse mit Seeblick. (www.moro112.de)

Noch mehr Gastronomie gibt es natürlich auf dem Weg durch die Altstadt. Sehenswert ist hier neben dem ● **Paulusdom** vor allem das ● **historische Rathaus am Prinzipalmarkt.** Dessen Friedenssaal, in dem mit dem Westfälischen Frieden der Dreißigjährige Krieg offiziell beendet wurde, kann man auch besichtigen. (www.stadt-muenster.de/tourismus/kunst-und-kultur/museen)

● KM 11,6 » ZIEL
Münster Hauptbahnhof

Gläserne Halle im Grünen: Kunstausstellungen kann man im Wewerka-Pavillon wie durch ein Schaufenster betrachten.

DIE WANDERPAUSEN

» START
Bahnhof Telgte

KM 0,5
① Altstadt Telgte
Charmanter Morgenkaffee

KM 1
② Kreuzweg
Gehmeditation am Fluss

KM 5
③ Aussichtsturm
Wilde Begegnunge in der Emsaue

11
LÜNEBUR-GER HEIDE IN KLEIN

Von Telgte durch die Klatenberger Heide

Darf's auch ein bisschen mehr sein? Für alle, die sich beim Wandern partout nicht entscheiden können, ist hier von allem etwas dabei: ein altes Rittergut und einsame Bauernhöfe, sonnige Wiesen und schattige Wälder, eine wilde Flussaue und weiche Sandwege durch die Heide. Die Mischung macht's!

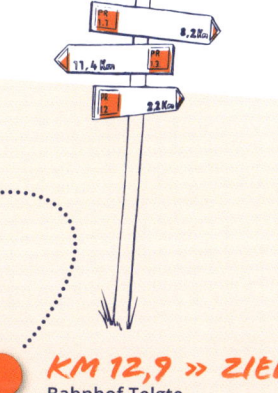

KM 6
4 Haus Langen
Romantisches Rittergut

KM 10
5 Picknickplatz Klatenberger Heide
Pinke Pracht

KM 12,9 » ZIEL
Bahnhof Telgte

IM SCHLENDERMODUS

 Verlaufen unmöglich: Geradewegs führt die Bahnhofstraße mitten hinein in die **Altstadt** von Telgte. Und der charmante Marktplatz lässt niemanden einfach so vorbei. Vor historischen Giebeln und Backsteinhäusern holpern Fahrräder übers Kopfsteinpflaster, Blumen schmücken die Laternen, unter den Sonnenschirmen schwirren Kellner umher. Glatt könnte man hier beim ersten Kaffee des Tages die Zeit vertrödeln, gleich um die Ecke durch kleine Boutiquen und bildschöne Buchhandlungen stöbern, die hübsche Wallfahrtskapelle aus immer neuen Blickwinkeln fotografieren. Aber mit dem fernen Rauschen der Ems ruft die Natur. Breit und schnell eilt der Fluss weg von der Stadt. Nur die Wanderschuhe sind noch im Schlendermodus. Der friedliche Park am Ufer erdet die Sinne, vorsichtshalber mahnt trotzdem ein Schild zur Ruhe auf dem **Kreuzweg.**

Auch die Ems wird bald still, fließt in eleganten Bögen um Felder, Wiesen, Bäume. Wildrinder und Konik-Pferde machen die Aue zum Naturparadies, mit Glück kann man die wilden Tiere vom **Aussichtsturm** beobachten. Über allem hängt der Geruch des Flusses wie frischer Atem in der Luft – bis die ersten Bauernhöfe auftauchen. »Biogemüse gegen Spende« steht auf einem Schild. Ein paar bunte Tomaten fürs Picknick einpacken, dann schluckt der Wald die Geräusche der Traktoren. Hier, versteckt hinter einer imposanten Trauerweide, liegt das Rittergut **Haus Langen** mit seiner Doppelmühle im Dornröschenschlaf. So kommt es einem vor, wenn man ganz plötzlich aus dem Schatten des Walds tritt und hinter den Feldern Westbevern auftaucht.

WENN DIE WANDERSCHUHE IM WARMEN SAND EINMAL PAUSE HABEN

Flott einen Blick in die Kirche St. Cornelius und Cyprian werfen, dann hat der Schlendermodus Pause, bis der Asphalt einem weichen Wiesenweg weicht. Weiche Wiese? Sand! Tief und dick wie am Strand. Ein Gatter führt in die Urlaubsoase: Kiefern ragen in den Himmel, doch die Bäume lassen genug Platz für pink blühende Heide und warme Sonnenstrahlen. Am **Picknickplatz Klatenberger Heide** die dicken Wanderschuhe abstreifen und mit den Zehen im feinen Sand wühlen – wie herrlich! Nur schade, dass der Waldweg zurück in die Altstadt nicht mehr als Barfußpfad taugt.

Tolle Läden und hübsche Details: In Telgtes Altstadt kann man prima die Zeit vertrödeln.

Biogemüse gegen Spende – die perfekte Ergänzung fürs Picknick.

In eleganten Bögen fließt die Ems um Felder, Wiesen, Bäume.

WANDERN & GENIESSEN

» START
Bahnhof Telgte

Rechts halten und der Bahnhofstraße bis zum Marktplatz folgen.

Jetzt erstmal einen Kaffee ... gemütlicher kann man eine Wanderung nicht beginnen.

KM 0,5

① Altstadt Telgte
Charmanter Morgenkaffee

Mit seiner barocken Wallfahrtskapelle ist Telgte auch ein beliebtes Pilgerziel.

Mittelalterliche Gebäude, ein romantischer Marktplatz und die barocke Wallfahrtskapelle, die mit ihrem Gnadenbild der schmerzvollen Muttergottes ein beliebtes Pilgerziel ist, machen Telgtes historische Altstadt zu einer der schönsten in Westfalen. Bei einem gemütlichen Kaffee in einem der westfälischen Cafés und Restaurants saugt man die Atmosphäre am besten auf. Danach kann man durch die kleinen Geschäfte weiter bis zur Kapelle neben der Propsteikirche St. Clemens bummeln. Die Geschichte des achteckigen Baus reicht bis ins 17. Jahrhundert zurück, heute zieht die Kapelle jedes Jahr rund 100 000 Gläubige an. (www.telgte.de)

Den Marktplatz überqueren und rechts in die Kapellenstraße abbiegen. Dann links auf den Kardinal-von-Galen-Platz und hinter der Kirche rechts ab. Am Christoph-Bernsmeyer-Haus links an der Ems entlang.

Die Holzstelen mit Stern markieren eigentlich nur den Kinderpilgerweg.

KM 5

③ Aussichtsturm
Wilde Begegnungen in der Emsaue

Dass die Emsaue ein wahres Naturparadies ist, in dem bedrohte Arten wie Eisvogel, Sumpfschnecke oder Laubfrosch ein Zuhause finden, verdankt sie maßgeblich einem im Jahr 2004 eingerichteten Beweidungsprojekt: Auf einer Fläche von über 90 Hektar sorgen weitgehend wild lebende Heckrinder und ursprüngliche Konik-Pferde für mehr Artenvielfalt am Fluss. Hier, im Naturschutzgebiet »In den Pöhlen«, kann man die Tiere mit etwas Glück von einem Aussichtsturm beobachten. Ein schöner Platz in der Natur, ruhig und abgelegen.

Zurück zur Kreuzung und der Beschilderung zum Haus Langen folgen.

KM 1

② Kreuzweg
Gehmeditation am Fluss

Die Skulpturen des Künstlers Heinrich Gerhard Bücker heben sich deutlich von den sonst üblichen Kreuzweg-Reliefs ab: Überlebensgroß stehen sie am Ufer der Ems und wirken – obwohl schon zwischen 1960 und 1975 geschaffen – erstaunlich modern. Da passen die QR-Codes entlang des Passionswegs perfekt ins Bild. Als digitale Wegbegleiter lassen sie sich mit der App Actionbound einscannen und liefern unterwegs Stationsbeschreibungen, Gebete und Lieder. An sieben der insgesamt zwölf Stationen kommt man vorbei und kann einen Moment innehalten. (www.telgter-wallfahrt.de)

Nach rechts der Straße folgen. Dann rechts auf die August-Winkhaus-Straße abbiegen und hinter dem Parkplatz links auf den Pfad. An den Höfen vorbei, die Ems überqueren und an der T-Kreuzung rechts ab.

Ruhig und abgelegen: der Aussichtsturm im Naturparadies Emsaue.

KM 6
Haus Langen
4 Romantisches Rittergut

Der Wappenstein der »edlen Ritter von Langen« ziert das alte Rittergut.

Schon um das Jahr 1000 soll hier eine Festung gestanden haben, doch erst im 12. Jahrhundert werden die »edlen Ritter von Langen« erwähnt. Ihre Burg wurde zwar vollständig zerstört, das später aufgebaute Torhaus, das malerische Backsteingiebelhaus mit den Schießscharten und die um 1800 errichtete Wassermühle, eine typisch münsterländische Doppelmühle, sind aber immer noch hübsch anzusehen. Geradezu märchenhaft wirken die Gebäude inmitten der alten Kulturlandschaft. Am naturnahen Steilufer der Bever stehen alte Eichen und Eschen, Seerosen und Röhricht wachsen hier. Haus Langen ist in Privatbesitz und kann nicht besichtigt werden, ein Rundgang entlang des Wassergrabens eröffnet aber immer wieder tolle Fotoperspektiven. Hinter der Mühle gibt es auch einen Picknicktisch.

An der Gabelung rechts halten, dann links abbiegen nach Westbevern. Rechts auf die Grevener Straße und nach etwa einem Kilometer links auf den Wiesenweg. Rechter Hand durchs Gatter in die Heide.

Schuhe aus, Kurzurlaub! In der Klatenberger Heide läuft man durch sonnenwarmen Sand.

Märchenhaft: Haus Langen scheint im Dornröschenschlaf zu liegen.

EXTRA INFOS:

Frisches Gemüse fürs Picknick kann man unterwegs beim ● **Emshof,** einem ökologisch bewirtschafteten Bildungsbauernhof, kaufen (www.emshof.de). Eine Alternative zum Picknick in den Klatenbergen bietet auf halber Strecke der ● **Gasthof Zur Bever** (www.gasthof-zur-bever.de) mit seinem Biergarten in Westbevern.

Reicht die Energie am Ende der Tour noch für einen Museumsbesuch, lohnt ein Stopp im ● **RELíGIO** (museum-telgte.de). Das westfälische Museum für religiöse Kultur zeigt unter anderem eine der größten Krippensammlungen Deutschlands.

KM 10
5 Picknickplatz Klatenberger Heide
Pinke Pracht

KM 12,9 » ZIEL
Bahnhof Telgte

Eine offene Dünenlandschaft mit Sandmagerrasen, knorrigen alten Wacholdern und blühender Heide: Im Zentrum der Klatenberge warten vier Hektar Kurzurlaub – pink, sandig-weich und sonnenwarm. Der Dünenzug entlang der Ems ist ein Überbleibsel der letzten Eiszeit. Als der Wald zurückkehrte, entstanden im 18. und 19. Jahrhundert durch Beweidung und andere Nutzung weite Heideflächen, die heute nur noch vereinzelt erhalten sind. Ein Naturschauspiel, das hierzulande zu den am stärksten bedrohten Lebensräumen gehört. Auf der höchsten Dünenkuppe gibt es einen Picknicktisch, von dem man einen wunderschönen Panoramablick auf das Gebiet hat. Also Schuhe aus und Brotzeit genießen!

Links durch das Gatter und weiter links halten bis zum Hauptweg. Dann rechts abbiegen und immer geradeaus über zwei Brücken zurück zum Markt. Die Bahnhofstraße führt zum Bahnhof.

Hier lässt es sich aushalten: der Picknickplatz in der Klatenberger Heide.

AUF EINEN BLICK

- **Start/Ziel:** Bahnhof Telgte
- **Strecke:** 12,9 km (Rundtour)
- **Reine Wanderzeit:** 3 Std. 30
- **Höhenmeter:** ↗70 m ↘70 m
- **Wegbeschaffenheit:** Kopfsteinpflaster in Telgte, Asphalt zwischen Haus Langen und Westbevern, Sand rund um die Heide, ansonsten weicher Waldboden.
- **Beste Zeit:** Am schönsten ist die Tour im August zur Heideblüte.
- **Ausrüstung:** Picknick, Kleingeld fürs Bio-Gemüse, Smartphone für die QR-Codes am Kreuzweg.

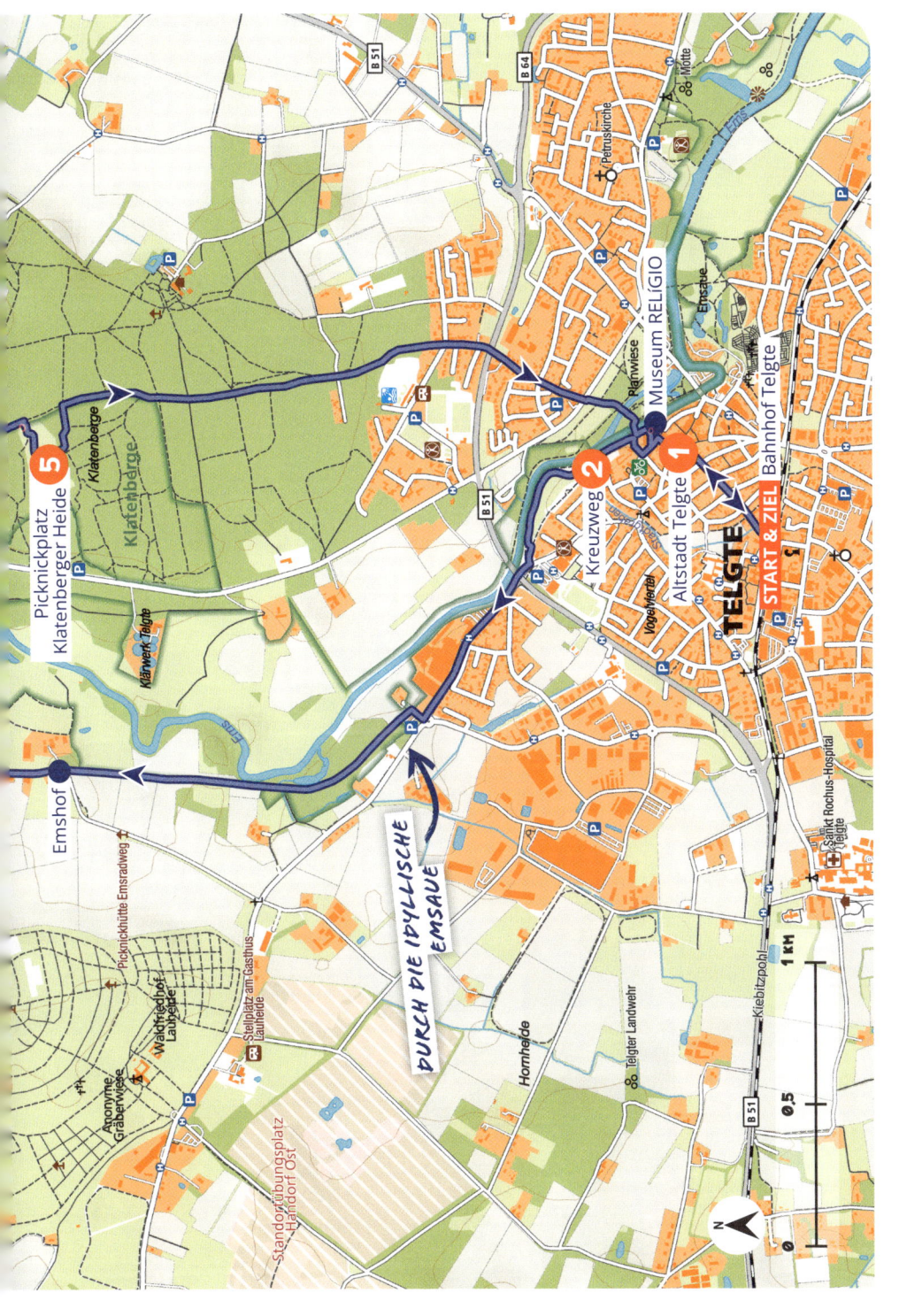

DIE WANDERPAUSEN

» START
Parkplatz Lohwall

KM 6,5
1 Bank am Waldrand
Kleine Picknickpause

KM 7
2 Deutsches Olympiade-Komitee für Reiterei
Beim Training zusehen

KM 10
3 Nordrhein-Westfälisches Landgestüt
Bei prächtigen Pferden zu Hause

12
PFERDE-STADT AM FLUSS

Durch die Warendorfer Emsaue

Wenn es einen Pferdehimmel gibt, liegt er in Warendorf. Hier gibt es weiche Sandwege durch schattige Wälder, Weitblicke wie in der Prärie und jede Menge Platz. Das tut nicht nur angehenden Olympioniken auf vier Beinen, sondern auch den Wanderfüßen und der Seele gut.

KM 11
4 Emsseepark
Über den achten Meridian spazieren

KM 12
5 Marktplatz
Abkühlung unter hübschen Giebeln

KM 12,5 » ZIEL
Parkplatz Lohwall

ALLES GLÜCK DIESER ERDE ...

 ... liegt auf dem Rücken der Pferde. Doch die lassen auf sich warten. Nur ein Reiher stakst langbeinig durch die Ems, bevor sich der Fluss scheu hinterm dicht bewachsenen Ufer versteckt. Wild wirkt der Lauf, wenn die Äste wie durch kleine Fenster den Blick aufs Wasser freigeben. Brombeeren und Farn wachsen hier, Brennnesseln stehen brusthoch – ein Dickicht, das so plötzlich, wie es gekommen ist, von schattigem Wald verdrängt wird.

WENN EINEM DER EMSSEE ZU FÜSSEN LIEGT, WO EIN REIHER GERADE ZUR LANDUNG ANSETZT

Reitwege führen in alle Richtungen, doch als aus Waldboden Sand wird, rast Gott sei Dank kein Rennpferd über die Trainingsbahn – bei nur ein paar Armlängen Abstand würde einem vermutlich das Herz stehen bleiben. Die ersten Pferde grasen stattdessen gemütlich vor einem hübschen Fachwerkhof und schon bald sind auf dem staubigen Wirtschaftsweg mehr Huf- als Fußabdrücke zu sehen.

Ohne große Eile kreuzt ein Rehkitz den Weg – wenn die Bank am Waldrand mal kein perfekter Platz für eine **kleine Pause** ist. So richtig los geht es in Sachen Pferdestadt nämlich erst jetzt: Zuerst kommt der Geruch, dann ein leises Schnauben. Stolze Pferde zu beiden Seiten kündigen das **Deutsche Olympiade-Komitee für Reiterei** an. Mit etwas Glück sieht man sogar einen Nachwuchsstar beim Training. Leider endet der Ausflug in den Spitzensport jäh an der Hauptstraße. Doch die Aussicht auf einen Streifzug durch die Stallungen des **Nordrhein-Westfälischen Landgestüts** mit seinen edlen Hengsten motiviert zum Durchhalten.

Der Blick hinter die Kulissen wird vom Blick über den Emssee abgelöst. Der **Emsseepark** empfängt mit weiten Wiesen und bunten Blumen. Gleich dahinter leitet eine schattige Allee an der alten Stadtbefestigung entlang in die Altstadt – auch die haben Warendorfs berühmte Vierbeiner erobert. Auf dem Weg zum **Marktplatz,** wo man die tollen Details der Giebelhäuser am besten mit einem Eis in der Hand bewundert, entdeckt man sie: Pferde an Laternen, Pferde auf Wände gemalt, Pferdebüsten in den kleinsten Nischen. Da überrascht selbst der »Walk of Fame« nicht mehr, mit dem die Pferdestadt ihren Olympiasiegern ein Denkmal gesetzt hat. Der führt übrigens geradewegs zurück zum Parkplatz.

Schöne Fachwerkhöfe und auf den Koppeln Pferde: Kein Wunder, dass auf den Wegen mehr Huf- als Fußabdrücke zu sehen sind.

Achtung, Gegenverkehr! Die Wanderwege teilt man sich oft mit Reiter:innen.

Warendorfs grüne Lunge: Der Emsseepark liegt direkt vor den Toren der Altstadt.

WANDERN & GENIESSEN

»START
Parkplatz Lohwall

Rechts am Fluss entlang und hinter der blau-grünen Brücke rechts in den Wiesenweg. Im Wald der weißen Raute nach links folgen, an der Gabelung rechts halten. Geradeaus am Bauernhof vorbei, neben der Trainingsbahn her und rechts auf die Straße. Die Landstraße überqueren und links ab.

KM 6,5
① Bank am Waldrand
Kleine Picknickpause

Die erste Bank für müde Wanderfüße – eine Gelegenheit, die man nutzen sollte.

Rast- oder gar Picknickplätze sind entlang der gesamten Route leider äußerst rar gesät. Die erste Möglichkeit, müde Wanderfüße ein wenig auszuruhen, sollte man also unbedingt nutzen. Am Waldrand steht eine einfache Bank mit Blick übers Maisfeld – nicht komfortabel, aber für eine kleine Pause mit einem schlichten Picknick absolut ausreichend. Am Horizont kann man schon die Olympia-Trainingsanlagen erkennen. Und mit etwas Glück gehen zwischen den Bäumen hinter einem sogar ein paar Rehe spazieren.

Hinter der Koppel rechts auf den Sandweg, über die kleine Brücke und links abbiegen.

Die edlen Zuchthengste im Nordrhein-Westfälischen Landgestüt lassen sich gerne streicheln.

Beim Deutschen Olympiade-Komitee für Reiterei kommt man an die Elite des Pferdesports ganz nah heran.

OLYMPIONIKINNEN BEIM TRAINING

KM 10

Nordrhein-Westfälisches Landgestüt
Bei prächtigen Pferden zu Hause

KM 7

Deutsches Olympiade-Komitee für Reiterei
Beim Training zusehen

Auf dem Bundesstützpunkt, dem Sitz des 1913 gegründeten Deutschen Olympiade-Komitees für Reiterei, herrscht geschäftiges Treiben: Hufe klappern über den Asphalt, auf dem Sandplatz dreht ein Pferd seine Runden, eine Reiterin trabt über den Springplatz. Schon die schiere Größe der Trainingsstätte für deutsche Spitzenpferdesportler:innen beeindruckt: Hier trainieren angehende Olympioniken unter anderem in mehreren Reithallen, auf Dressur- und Springplätzen, einer Galoppierbahn und einem Fahr- und Vielseitigkeitsplatz mit verschiedenen Naturhindernissen. Ein Teil des Geländes ist direkt vom Weg einsehbar – näher dran kann man kaum sein. (www.pferd-aktuell.de)

Hinter dem Stützpunkt links am Tor vorbei, im Wohngebiet links abbiegen. Die Hauptstraße überqueren, rechts auf den kleinen Pfad bis zum Kreisverkehr und geradeaus bis zur Sassenberger Straße. Hier dem Schild »NRW Landgestüt« folgen.

Futterpläne, Pferdeduschen oder auch mal ein »Friseurbesuch«: Das riesige Nordrhein-Westfälische Landgestüt ermöglicht einen tollen Blick hinter die Kulissen der Pferdehaltung und -zucht. Die schönen denkmalgeschützten Ställe des Gestüts, das auf eine fast 200-jährige Geschichte zurückblickt und heute dem NRW-Ministerium für Landwirtschaft und Verbraucherschutz zugeordnet ist, sind für Besucher frei zugänglich. Wichtigste Aufgabe ist die Bereitstellung interessanter Zuchthengste für Kunden aus ganz Europa, aber auch aus den USA oder Australien. Edle Tiere stehen hier also Seite an Seite, bis zu 160 Pferde finden auf dem Gelände Platz. Da zum Gestüt auch die Deutsche Reitschule gehört, ist vielleicht sogar in der Reithalle oder auf dem Springplatz was los. (www.landgestuet.nrw.de)

Zurück zur Straße und geradeaus in den Park. Die Brücke über den Emssee nehmen und links abbiegen. Dann rechts halten, um die nächste Holzbrücke zu überqueren.

Der Emssee ist von weiten Wiesen und bunten Blumen umgeben. Mit etwas Glück landet gerade ein Reiher auf dem Wasser.

Zu sehen gibt es im Emsseepark allerhand. Und wo kann man schon mal über den achten Längengrad laufen?

KM 11

4 Emsseepark
Über den achten Meridian spazieren

Im rund 25 Hektar großen Emsseepark lassen sich locker ein paar Stunden vertrödeln. Auf der Halbinsel zwischen Emssee und Flusstal kann man – im nordöstlichen Teil – in aller Ruhe zwischen naturnahen Tümpeln und bunten Blumenwiesen umherschlendern oder – am südlichen Ende – abwechslungsreiche Zierpflanzenbeete beschnuppern. Auch zwei alte Villengärten gehören zum Park. Und überall laden Bänke an lauschigen Plätzen zum Innehalten und Genießen ein. Eine Besonderheit: Mitten durch die Grünanlage verläuft der achte Längengrad der Erde, das Schild ist kaum zu übersehen. (www.gaerten-in-westfalen.de)

Ein paar Schritte zurück zur Holzbrücke. Dann rechts halten und vor dem Malteser Marienheim links in den Weg. Nach links auf die Promenade, an der Ampel rechts auf die Oststraße, dann links auf Brünebrede. Rechts auf die Königstraße und weiter aufs Marktsträßchen.

> **EXTRA INFOS:**
>
> Wer schon früher einkehren möchte, findet entlang der ● **Dreibrückenstraße** eine Bäckerei, ein Eiscafé oder auch einen Biergarten. Es lohnt sich aber auch, die Pause in der Warendorfer Altstadt etwas auszudehnen und gemütlich durch die engen Gässchen voller Fachwerkhäuser zu schlendern. Eindrucksvoll ist zum Beispiel das ehemalige Franziskanerkloster, in dem sich heute das ● **Westpreußische Landesmuseum** befindet.

KM 12

 Marktplatz
Abkühlung unter hübschen Giebeln

KM 12,5 » ZIEL
Parkplatz Lohwall

Prächtige Patrizierhäuser aus sechs Jahrhunderten und das 1404 errichtete weiße Rathaus säumen den historischen Marktplatz der alten westfälischen Hansestadt Warendorf. Ein charakteristischer Barockbau hier, die Architektur der Spätrenaissance da: Eindrucksvolle Treppengiebel, aufgemaltes Verbundmauerwerk und aufwendige Wetterfahnen zeugen noch heute im Schatten der Laurentiuskirche vom Wohlstand des alten Bürgertums. Am besten – und trotz Kopf im Nacken unfallfrei – bewundern lässt sich das geschlossene Ensemble historischer Hausfronten samt seiner bunten Drachenköppe mit einem kühlen Getränk oder einem Eis in der Hand von einem der Logenplätze unter den Sonnenschirmen der Gastronomiebetriebe.

Eis in der Hand, Kopf im Nacken: Von einem der Logenplätze auf dem historischen Markt lassen sich die prächtigen Patrizierhäuser am besten bewundern.

Die Gasse am Brunnen vorbei zur Laurentiuskirche. Nach links auf die Kirchstraße, dann rechts abbiegen und hinter der Emsbrücke nach links auf den Parkplatz.

AUF EINEN BLICK

» **Start/Ziel:** Parkplatz Lohwall (kostenfreier Teil), Warendorf (der Bahnhof Warendorf ist ca. 1 km entfernt)
» **Strecke:** 12,5 km (Rundtour)
» **Reine Wanderzeit:** 3 Std. 30
» **Höhenmeter:** ↗ 40 m ↘ 40 m
» **Wegbeschaffenheit:** Waldboden und Wiesenwege, etwas Sand, aber auch viel Asphalt.
» **Beste Zeit:** Ganzjährig.
» **Ausrüstung:** Kleines Picknick.

AUF SAND LAUFEN

DIE WANDERPAUSEN

» START
Parkplatz Evangelische Kirche Suderwick

KM 0,1
1 Suderwicker Dorfplatz
Ein Katz-und-Maus-Spiel

KM 0,5
2 Grenz-Büdeken
Grenzgeschichten lesen

KM 1
3 Grenslandmuseum
Bei Schmugglern und Zöllnern

GRENZE-SCHICH-TEN

13

Zwischen Suderwick & Dinxperlo

Die eine Straßenseite liegt in Deutschland, die andere in den Niederlanden: Hier verläuft die Grenze buchstäblich am Bürgersteig entlang. Viele Anekdoten – mal lustig, mal nachdenklich – erzählen von der engen Nachbarschaft und begleiten neugierige Grenzgänger durch grüne Wiesen und goldene Felder.

KM 3
4 Bocholter Aa
Relaxen am Fluss

KM 9,5
5 Picknickplatz
Grenzübergang im Grünen

KM 13
6 Offene Grenzpforte
Den Frieden feiern

KM 14 » ZIEL
Parkplatz Evangelische Kirche Suderwick

SKURRIL UND GRENZENLOS SCHÖN

 Der Schmuggler steht mitten auf dem **Suderwicker Dorfplatz**. Das »Büdeken« hinter der Statue, ein Infopavillon, führt ein in die große Geschichte und kleinen Geschichtchen, die unterwegs warten – von Schmugglern und Zöllnern, Freunden und Feinden dies- und jenseits der deutsch-niederländischen Grenze.

Schwarz-Rot-Gold und Rot-Weiß-Blau: Der Heelweg zeigt Flagge; genauso wie der Hellweg auf der anderen Straßenseite. Dazu ein alter Schlagbaum, direkt am zweiten **Grenz-Büdeken**. Ansonsten weisen nur gelbe Markierungen auf dem Boden hier und da dezent darauf hin, wo das Inland aufhört und das Ausland anfängt. Besonders kurios mutet das an der Kirche St. Michael an, wo Königin Beatrix einst deutschen Boden betrat – mit nur einem Fuß wohlgemerkt.

> **WENN DUTZENDE SCHMETTERLINGE UM DIE DISTELN AM WEGESRAND TANZEN**

Mehr solcher Anekdoten hat das kleine **Grenslandmuseum** am Dinxperloer Marktplatz zusammengetragen. Von hier führen bald Maisfelder raus in die Natur. Eine Symphonie aus Grün und Gold tut sich auf, unterbrochen vom dunklen Band der **Bocholter Aa**. Baumstümpfe ragen aus dem Wasser und verleihen der geordneten Landschaft einen Hauch Ursprünglichkeit.

Je näher das Suderwicker Venn rückt, desto öfter unterbrechen Vögel das monotone Sirren der Zikaden in den Gräsern. Ein Schwarm Tauben fliegt – von Schritten überrascht – aus dem Getreidefeld auf. Krähen segeln im Tiefflug über die Wiese. Radfahrende grüßen mal auf Deutsch, mal auf Niederländisch. Drei glückliche Kühe gucken neugierig, aber schweigsam herüber. Hühner gackern aufgeregt am Zaun, die benachbarten Pfauen flüchten lieber – ihre Nationalität tut nichts zur Sache. Das suggeriert auch der wohl unaufgeregteste Grenzübergang der Welt, der mehr mit einem lauschigen **Picknickplatz** als der Grenzkontrolle gemein hat.

Eine lange Allee führt an Pferdekoppeln vorbei, vor den Garagen stehen Autos mit gelben Kennzeichen. Sogar eine »Klompenfabriek« gibt es hier – holländischer geht es kaum. Im kleinen Park Het Welinkbos lässt es sich noch mal gut mit Blick auf Wasser und Enten relaxen. Dann wartet schon der Grenzweg, der zurück zum Parkplatz führt. Die symbolische **Grenzpforte** am Wegesrand steht sperrangelweit offen.

...olland oder Deutschland? ...em Pfau ist das egal.

Früher geheim, heute sogar ausgeschildert: die Schmugglerroute über die Grenze.

Zauberhaft: Dutzende Schmetterlinge tanzen um die Disteln am Wegesrand.

WANDERN & GENIESSEN

» START
Parkplatz Evangelische Kirche Suderwick

Nach links auf den Grenzweg und die Straße zum Dorfplatz überqueren.

Geschafft! Der Schmuggler auf dem Suderwicker Dorfplatz schmunzelt zufrieden.

Das erste Grenz-Büdeken steht gleich gegenüber der evangelischen Kirche.

KM 0,1
① Suderwicker Dorfplatz
Ein Katz-und-Maus-Spiel

An drei offiziellen Grenzübergängen taten in Suderwick früher Zöllner ihren Dienst. Heute erinnern hier Infotafeln mit Grenzgeschichten an die alten Zollhäuschen, von den Einheimischen »Büdeken« genannt. Eines der modernen Grenz-Büdeken steht auf dem Suderwicker Dorfplatz zusammen mit einer Bronzefigur: Ein Schmuggler hat den Schlagbaum hinter sich gelassen, doch etwa 150 Meter weiter nimmt ihn ein Zöllner schon ins Visier – sein Fernglas hält er allerdings falsch herum. Insgesamt besteht das Kunstwerk »Wenn der Zöllner mit dem Schmuggler...« des Bocholter Bildhauers Jürgen Ebert aus vier Bronzefiguren, die in Suderwick und Dinxperlo an alte Schmugglerzeiten erinnern.

Den Dorfplatz linker Hand liegen lassen und der Sporker Straße folgen.

Relikt aus längst vergangenen Zeiten: der alte Schlagbaum am Heelweg.

KM 1

③ Grenslandmuseum
Bei Schmugglern und Zöllnern

Noch mehr Geschichten über das Leben an der Grenze erzählt das kleine Grenslandmuseum, das in einem schönen Fachwerkhaus aus dem 18. Jahrhundert untergebracht ist. Komprimiert in nur einem Raum wird Wissenswertes über die Entstehung der Grenze und die Folgen der beiden Weltkriege vermittelt, ein besonderer Fokus liegt aber auf dem Schmuggel und der Arbeit der Zöllner: So gehören unter anderem zahlreiche beschlagnahmte Waren, Uniformen und authentische Schmugglertricks zur Sammlung. Die Begleittexte sind allesamt niederländisch, am Eingang kann man ein Textbuch mit der deutschen Übersetzung ausleihen. (www.grenslandmuseum.nl)

Nach links auf die Raadhuisstraat, dann rechts auf den Brückendeich. Am Ortsschild »Suderwick« links in den Beekweg, die Landstraße überqueren und weiter bis zur Bocholter Aa. An der Promenade links.

KM 0,5

② Grenz-Büdeken
Grenzgeschichten lesen

Würde hier nicht ein Schlagbaum an früher erinnern, wäre man wohl ohne es zu merken in die Niederlande gestolpert. Denn Dinxperlo und Suderwick gehen nahtlos ineinander über, die Grenze folgt hier dem Heelweg (nl.) oder auch Hellweg (dt.): Während die Straße noch zu den Niederlanden gehört, ist der Bürgersteig zur Linken schon deutsches Staatsgebiet. Das zweite Grenz-Büdeken steht dort, wo schon um 1920 ein Wachhäuschen für die Grenzposten aufgestellt war. Das Informationshäuschen klärt über die Veränderungen entlang der Grenze auf.

Weiter den Heelweg entlang, dann dem Schild »Grenslandmuseum« nach rechts folgen. An der Gabelung rechts auf die Hogestraat, dann links auf den Marktplatz abbiegen.

Das Grenslandmuseum erzählt tolle Geschichten auf kleinem Raum.

Für immer offen: Die Grenzpforte ist ein Symbol für Frieden und Freiheit.

KM 3
4 Bocholter Aa
Relaxen am Fluss

Mehrere Bänke locken an der Bocholter Aa zu einer gemütlichen Pause. Der Fluss wurde zwar in der Mitte des 20. Jahrhunderts ausgebaut und in ein gerades Bett gezwängt, inzwischen versucht man aber, die biologische Vielfalt wieder zu erhöhen. So geben eigens eingerichtete Wurzelstuben dem Gewässer einen ursprünglichen Touch. Und weil das Suderwicker Venn, ein geschütztes Feuchtwiesengebiet, nicht weit ist, kann man beim Blick aufs Wasser auch wunderbar den Vögeln und Zikaden lauschen.

Weiter zur Brücke, dann links die Landstraße entlang und an der nächsten Brücke rechts. Links auf Im Jägeringshof, dann rechts auf Vogelpoll. An der Landstraße rechts und sofort links abbiegen. Rechts auf den Elf-Apostel-Weg, an der T-Kreuzung links auf den Emsingweg und über die Holzbrücke nach links.

KM 9,5
5 Picknickplatz
Grenzübergang im Grünen

Mitten im Grünen – und direkt an der Grenze – befindet sich ein von Suderwicker und Dinxperloer Heimatfreunden liebevoll hergerichteter Picknickplatz: komplett mit Bank und Tisch, Brombeeren, die fast in den Mund wachsen, und dem im Busch versteckten »'t Huusken«, einer Art angedeutetem Plumpsklo. Zum Zeitvertreib beim Picknick gibt es sogar noch ein bisschen Lesestoff: Eine Tafel der Berliner Künstlerin Kristina Leko (entlang des Weges tauchen immer wieder Tafeln auf) teilt die Erinnerung eines Zeitzeugen über das Leben an der Grenze.

Der »Smokkelaarstref« ist der perfekte Platz für ein Picknick.

An der Gabelung rechts, in der Kurve links halten. Am IJsclub Boesfeld rechts auf den Sandweg, die Straße überqueren und am Kletterpark links ab. Die erste Möglichkeit links, an der T-Kreuzung wieder links, dann rechts auf den Hesselinkweg und links in den Park. Am Teich vorbei dem Pfad nach links folgen. Die Straße überqueren, links in die Keupenstraat.

KM 13

Offene Grenzpforte
Den Frieden feiern

Es ist ein hoffnungsvolles Symbol: Wo während der beiden Weltkriege einst Stacheldraht stand, haben lokale Vereine aus Suderwick und Dinxperlo im Jahr 2021 eine Pforte aufgestellt, deren Türen nicht geschlossen werden können. Eine Metallplakette an den Pfosten verkündet 75 Jahre Frieden und Freiheit. Wenn das mal kein Grund ist, schnell ins Nachbarland hinüberzuhüpfen und sich selbst kurz auf die Schulter zu klopfen. Der Feldweg, an dem das breite Tor steht, wird übrigens landläufig »Kornstraote« genannt, weil hier früher niederländisches Korn und gemahlenes Mehl geschmuggelt wurden.

Dann links in den Grenzweg und zurück zum Parkplatz.

EXTRA INFOS:

Wenn die Füße langsam müde werden, kann man auch schon vor dem Grenzübergang das ● **Surkse Backhüs** für ein Picknick nutzen. Das – übrigens funktionsfähige – Backhaus wurde vom Heimatverein Suderwick nach altem Vorbild errichtet und erinnert an das Leben auf dem Land in früheren Zeiten.

Wunderbar draußen sitzen bei einem kalten Getränk und leckerem Essen kann man auch auf dem ● **Marktplatz von Dinxperlo.** Wer danach die Spurensuche noch etwas ausdehnen möchte, sollte auf dem Suderwicker Dorfplatz die Übersichtstafel mit sehenswerten Stationen entlang der Grenze fotografieren und vom Hellweg noch weiter über den Brückendeich spazieren.

KM 14 » ZIEL
Parkplatz Evangelische Kirche Suderwick

Vögel auf den Feuchtwiesen, Wurzelstuben im Wasser und am Ufer der Bocholter Aa jede Menge Bänke.

AUF EINEN BLICK

» **Start/Ziel:** Evangelische Kirche Suderwick, Johannes-Meis-Straße 2, Suderwick (nächstgelegene Bushaltestelle: Suderwick Grenze, Linie C7, Abfahrt/Ankunft stündlich, Sa bis ca. 15.30/16 Uhr, So kein Bus)
» **Strecke:** 14 km (Rundtour)
» **Reine Wanderzeit:** 3 Std. 30
» **Höhenmeter:** ↗ 20 m ↘ 20 m
» **Wegbeschaffenheit:** Asphalt, Splitt, Wiese.
» **Beste Zeit:** April bis Oktober. Das Grenslandmuseum macht von November bis Ende März Winterpause.
» **Ausrüstung:** Fernglas zum Vögelgucken am Suderwicker Venn, Wörterbuch Deutsch-Niederländisch, kleines Picknick.

DIE WANDERPAUSEN

» START
Dülmener Weg/
Landwehr, Borken

KM 0,5
① DBU-Naturerbefläche Borken
Per App seltene Pflanzen aufspüren

KM 1
② Fliegerbergwiese
Schottische Hochlandrinder bewundern

KM 2
③ Der Forellenhof
Wenn der kleine Hunger kommt

GIPFELGLÜCK AUF 100 METERN

Zwischen Fliegerberg & Tannenbültenberg in Borken & Velen

Hoch hinaus geht's im Münsterland nicht oft, erst recht nicht komplett mit Gipfelkreuz und -buch. Dabei erinnern »Die Berge« eher an Südfrankreich als an die Alpen: Sandige Wege durch schattige Kiefernwälder – da ist Urlaubsstimmung garantiert.

KM 3,5
4 Naturdenkmal Lünsberg-Eiche
Schattige Pause mit Ausblick

KM 6,5
5 Gipfelkreuz Tannenbültenberg
Im Gipfelbuch stöbern

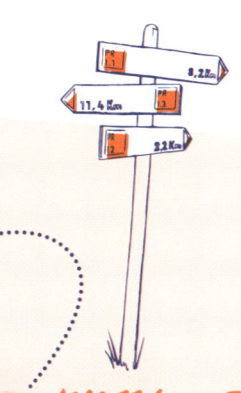

KM 11,4 » ZIEL
Dülmener Weg/ Landwehr, Borken

FRÜHLINGSGRÜN UND RIESIG ...

 ... liegt der Sandmagerrasen der **DBU-Naturerbefläche Borken** da. So dicht hinter der Straße ein erstaunlicher Anblick, der gleich durchatmen lässt. Im Sommer ergießt sich hier ein Farbenmeer aus Pflanzen. Jetzt reibt sich nur ein zotteliges Schottisches Hochlandrind genüsslich an einem Baum. Am Rand seines Reviers federn die Schritte auf weichem Boden durch den Kiefernwald, zwischen den Bäumen ein Teppich aus Moos. Irgendwo hoch oben zwitschert ein Buchfink, eine Sumpfmeise stimmt mit ein.

Jenseits der **Fliegerbergwiese** leuchtet eine stattliche Düne golden in der Sonne, diesseits führt der Weg um einen idyllischen Teich zur **Gaststätte Forellenhof**. Ein paar Bänke sind ans Ufer gestreut – der perfekte Platz, um die Enten bei ihren Landemanövern zu beobachten, bevor man selbst wieder eintaucht in den Wald.

WENN NACH DEM BERG EINE SONNIGE LICHTUNG ZUM AUSRUHEN EINLÄDT

Tief hängen die Zweige über dem Weg: ein grüner Tunnel, der Lust auf Abenteuer macht. Sanft, aber stetig geht es bergauf. Nicht umsonst heißt die Region »Die Berge«. Buchen, Eichen und Birken haben sich auf dem Lünsberg unter die Kiefern gemischt. Farn und Brombeerbüsche bilden ein Dickicht. Nur die mächtige **Lünsberg-Eiche**, ein altes Naturdenkmal, steht fast frei und kratzt mit ihren Ästen ungestört am Himmel.

Der wortwörtliche Höhepunkt wartet aber noch: Unterwegs zum Tannenbültenberg – stolze 107 Meter hoch – wird ein vages Gefühl zur Gewissheit. Das kann nicht das Münsterland sein, das hier ist Südfrankreich. Wo sind die Flipflops, wo ist die Luftmatratze? Auf den Sandwegen, unter schattigen Kiefern kommt man sich vor, als wäre man auf dem Weg zum Strand. Doch auf dem Gipfelkreuz steht es schwarz auf Holz: **Tannenbültenberg** – und da hätten die Franzosen mit der Aussprache wohl ihre Probleme.

Ein kurzes Stück an der Landstraße entlang, dann läuft man durch offene Felder auf eine Wand aus Kiefern zu. Ein schmaler Pfad windet sich zurück zum Ausgangspunkt und hier und da erinnern Hochsitze daran, dass es auch Tiere zu sehen gibt. Vielleicht beim nächsten Mal.

Blauer Himmel, Sand und Kiefern – ist das noch das Münsterland oder schon Südfrankreich?

So sieht er aus, der perfekte Enten-Beobachtungsposten.

Wo früher Flugzeuge landeten, grasen jetzt Schottische Hochlandrinder.

WANDERN & GENIESSEN

» START
Dülmener Weg/Landwehr, Borken
(Parken an der Straße)

Kurz hinter dem Hotel-Restaurant Haus Waldesruh am Infoschild »DBU-Naturerbe Borken« in den Wald einbiegen.

Keine Ahnung von Pflanzen? Per App kann man zum Beispiel den Gewöhnlichen Reiherschnabel identifizieren.

KM 0,5

DBU-Naturerbefläche Borken
Per App seltene Pflanzen aufspüren

Die DBU-Naturerbefläche Borken – DBU steht für die Deutsche Bundesstiftung Umwelt – schützt im Westen des Höhenzugs »Die Berge« zwei große Sandmagerrasen als Lebensraum für viele seltene Tier- und Pflanzenarten. Bauernsenf und Zwergfilzkraut können beispielsweise nur hier überleben, auch die europaweit streng geschützten Zauneidechsen und am Boden brütende Vogelarten wie die Heidelerche oder der Baumpieper finden hier ein Zuhause. Doch keine Sorge: Für tolle Entdeckungen am Wegesrand muss man kein Biologe sein. Mit der App »Naturblick« vom Museum für Naturkunde in Berlin können Flora und Fauna ganz einfach identifiziert werden.

Weiter geht es den Pfad entlang der Wiese.

Der Name ist Programm: Im Forellenhof kommen Selbstgeräuchertes und frischer Fisch aus den eigenen Teichen auf den Tisch.

Schottische Hochlandrinder betätigen sich auf der Fliegerbergwiese als natürliche Platzwarte.

KM 1

② Fliegerbergwiese
Schottische Hochlandrinder bewundern

Lange war der Name Programm: Von den dreißiger Jahren bis in die Siebziger hinein diente der Fliegerberg als Startplatz für Segelflugzeuge. Bis 2006 nutzte die Bundeswehr das Areal dann als Standortübungsplatz und Kasernengelände. Heute grasen ein paar Schottische Hochlandrinder friedlich auf der ehemaligen Landebahn. Die genügsamen Weidetiere halten den Boden durch Tritt und Verbiss offen und pflegen so den seltenen Magerrasen auf natürliche Weise. Sie sind aber nicht nur wichtige Naturschützer, sondern auch noch schön anzusehen.

Am Ende der Wiese links halten, an der T-Kreuzung rechts abbiegen, dann die erste Möglichkeit links Richtung Forellenhof.

KM 2

③ Der Forellenhof
Wenn der kleine Hunger kommt

Die Gaststätte Der Forellenhof liegt mitten im Grünen: Auf der einen Seite ein Weiher, auf der anderen die Pferdekoppel und dazwischen ein paar Rehe, die im Schatten dösen. Das Restaurant mit seinen eigenen Forellenteichen hat sich auf deutsche Küche spezialisiert – und natürlich auf Leckereien aus der hauseigenen Räucherei, die man im Sommer toll auf der Terrasse des Fachwerkhauses genießen kann. (Facebook: Der Forellenhof Borken)

Um den Teich geht es zurück und auf dem schmalen Pfad links bergauf in den Wald. Dann den Sandweg überqueren und links den Pfad neben dem Forstweg nehmen. Der dritte Abzweig links führt zum Lünsberg.

Auch wenn der Tannenbültenberg nur gut 107 Meter hoch ist, ein Foto am Gipfelkreuz muss einfach sein.

Wenn die Bäume mal zur Seite treten, gibt's auch ein bisschen Aussicht.

BLICK IN DIE FERNE

KM 3,5

④ Naturdenkmal Lünsberg-Eiche
Schattige Pause mit Ausblick

Der Lünsberg ist Teil eines eiszeitlichen Hügellands und wurde im Jahr 2011 nach langer wirtschaftlicher Nutzung zum Naturschutzgebiet erklärt. Mit immerhin 92,5 Metern über dem Meeresspiegel ist er nach dem Tannenbültenberg die zweithöchste Erhebung der »Berge«. Auf seinem Gipfel reckt sich die mächtige Lünsberg-Eiche, ausgewiesen als Naturdenkmal, in den Himmel. Der perfekte Platz für eine Pause: Von der Bank im Schatten des alten Baumes lässt sich prima die Aussicht auf Ramsdorf genießen.

Weiter dem Weg folgen und an der Gabelung rechts halten. Die Landstraße wird überquert, dann geht es immer geradeaus. Nach der kleinen Lichtung rechts abbiegen, dann links zum Gipfelkreuz.

KM 6,5

5 Gipfelkreuz Tannenbültenberg
Im Gipfelbuch stöbern

Berge sucht man im Münsterland meist vergeblich. Umso bemerkenswerter ist der Tannenbültenberg zwischen Ramsdorf und Heiden: Auf seinem Gipfel in genau 107,4 Metern Höhe steht sogar ein hölzernes Gipfelkreuz – mit Gipfelbuch, in das sich stolze Wandernde eintragen können. Geologisch sind »Die Berge« übrigens in der Kreidezeit aus den »Haltener Sanden« entstanden, die hier vom Wind einfach nicht so stark abgetragen wurden wie im Umland.

Es geht zurück auf den Weg, dann links. An der Kreuzung rechts abbiegen, bei der dritten Möglichkeit links gehen. Geradeaus bis zur Landstraße, dieser nach links bis zum Parkplatz folgen. Die Straße überqueren und über die Felder in den Wald hinein.

EXTRA INFOS:

Wer am Forellenhof noch keine Stärkung braucht, kann die Runde auch zu Ende gehen und erst am Ziel einkehren. Auf müde Beine wartet dort das ● **Hotel-Restaurant Haus Waldesruh** mit typisch westfälischer Küche. Bei schönem Wetter ist der Biergarten geöffnet. (www.haus-waldesruh.de)

KM 11,4 » ZIEL
Dülmener Weg/
Landwehr, Borken

Einmal durchschnaufen an der mächtigen Lünsberg-Eiche.

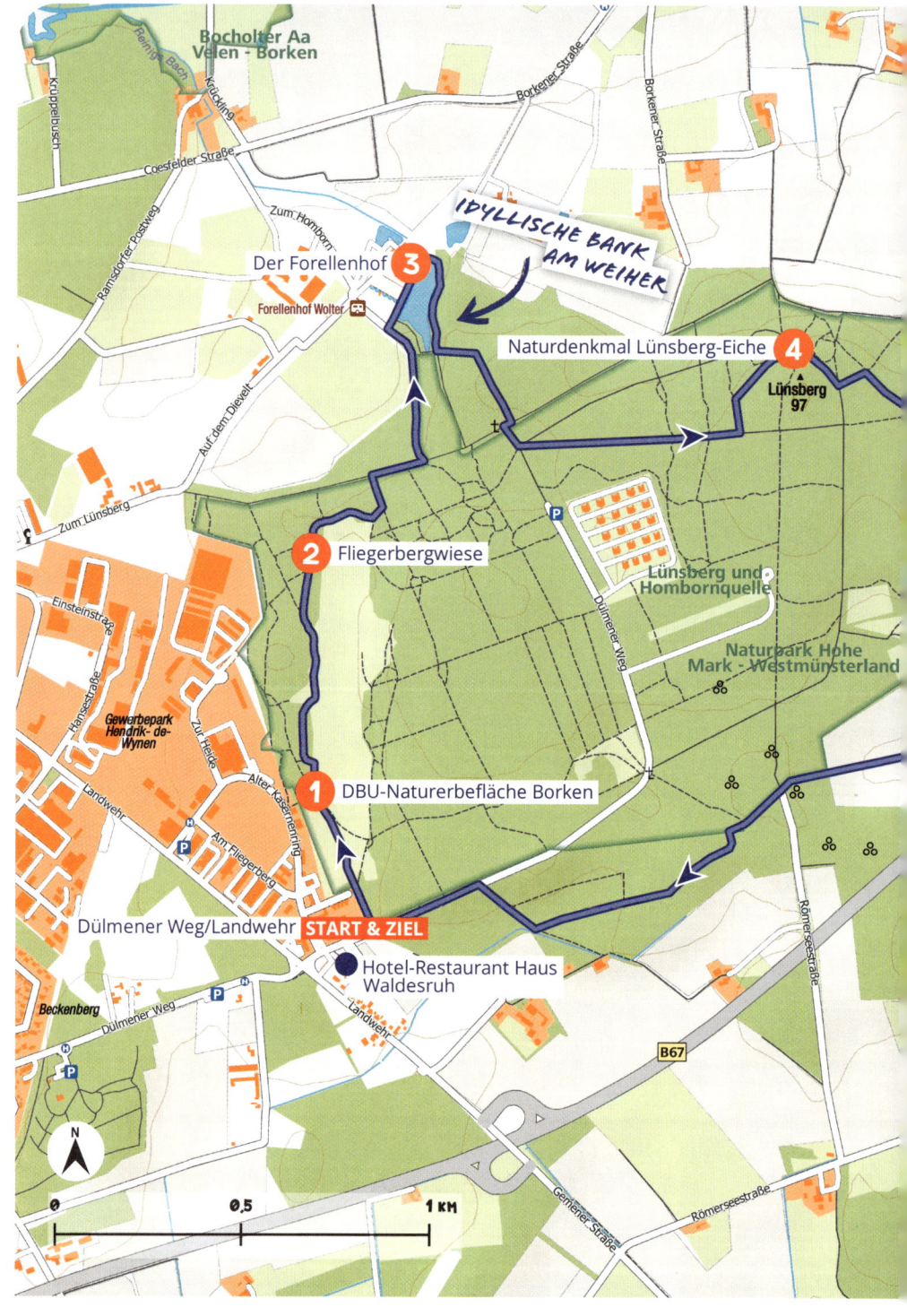

AUF EINEN BLICK

» **Start/Ziel:** Dülmener Weg/Landwehr, Borken (nächstgelegene Bushaltestelle: Borken Landwehr, Linie B8 ab Borken Bahnhof, Abfahrt/Ankunft stündlich, Mo–Fr bis 18, Sa bis 14 Uhr, So kein Bus)
» **Strecke:** 11,4 km (Rundtour)
» **Reine Wanderzeit:** 3 Std. 30
» **Höhenmeter:** ↗ 90 m ↘ 90 m
» **Wegbeschaffenheit:** Weicher Waldboden, Sand.
» **Beste Zeit:** Ganzjährig.
» **Ausrüstung:** Kugelschreiber fürs Gipfelbuch.

DIE WANDERPAUSEN

» START
Parkplatz Berghotel
Hohe Mark

KM 1
① Waldbett
Träumen unterm Blätterdach

KM 1,5
② Aussichtsturm Melchenberg
360-Grad-Panorama

KM 6
③ Gaststätte Schöttler
Pause im Biergarten

15
WALD-WANDERN

Von Reken durch die Hohe Mark

In diesem Teil des Naturparks Hohe Mark geht es über sanfte Hügel durch tiefe Wälder: perfekte Stille und Bäume, wohin man sieht. Hoch hinaus kommt man hier aber trotzdem – und wird mit einem 360-Grad-Panorama vom Münsterland belohnt.

KM 8
4 Liebesbuche
Herzchen suchen

KM 9
5 Niedrigseilgarten
Klettern und balancieren

KM 9,2 » ZIEL
Parkplatz Berghotel Hohe Mark

DAS EICHHÖRNCHEN ...

 ... weist den Weg. Direkt am Berghotel Hohe Mark startet der Walderlebnisweg, der nicht nur für Kinder schöne Entdeckungen bereithält. Die hölzerne Klangstation testen, durch die Waldglotze fernsehen oder auf dem **Waldbett** den Blick ins Blätterdach genießen: Zwölf Stationen machen hier den Wald mit allen Sinnen erlebbar. Der Weg ist breit, die Bäume lassen genug Platz für herrlich warme Sonnenstrahlen, am Himmel singt der ganze Vogelchor.

Hinter einem Haferfeld ragt schon der **Aussichtsturm Melchenberg** empor. Der Aufstieg ist der anstrengendste der ganzen Wanderung, aber er lohnt sich: Wald bis zum Horizont, nur hier und da unterbrochen von Windrädern und Feldern. Und die Landschaft hält, was sie verspricht. Waren auf dem Erlebnisweg noch viele Familien unterwegs, wird es mit einem Mal einsam. Der schmale, hügelige Pfad führt durch den Wald und die Stille, ehe man sich plötzlich zwischen weiten Feldern wiederfindet. Frisch gepflügte Äcker verströmen ihren erdigen Duft, Pferde stehen auf der Weide, Hühner picken im Hof. Landleben pur!

WENN ES IM WALD PLÖTZLICH GANZ STILL UND EINSAM WIRD

Dann wird der Weg langsam sandiger und man taucht wieder ein in den wohltuenden Schatten der Bäume. Mal knacken Bucheckern unter den Schuhen, mal wachsen Birken weiß in den Himmel. Der harzige Geruch von Kiefern liegt in der Luft, klein und bauschig stehen sie am Waldrand. Auf dem Boden hat sich Ginster ausgebreitet.

Zwischen Bäumen und noch mehr Bäumen liegt die **Gaststätte Schöttler,** fast wie in Nachbars Garten sitzt man hier. Aber es geht ja noch weiter. Sand, Wiese oder Waldboden – der Weg ist weich, als ginge man auf Wolken. Zwar nicht rosarot, aber für den ein oder anderen wohl inspirierend genug, um Herzensbekenntnisse in die große **Liebesbuche** einzuritzen.

Am Waldrand dann noch einmal tief durchatmen und das schier endlose Panorama der Wiesen und Felder genießen, ehe ein letzter, steiler Anstieg zurück zum Berghotel führt. Wer jetzt noch Kraft hat, sollte unbedingt durch den **Niedrigseilgarten** klettern. Das macht mehr Spaß, als man auf den ersten Blick meint.

Augen zu und schnuppern: Hier riecht es so schön nach Kiefern.

Ecki, das Eichhörnchen, weist den Weg.

Äcker, Wiesen und Schäfchenwolken: Das ist Landleben pur!

WANDERN & GENIESSEN

» START
Parkplatz Berghotel Hohe Mark

An der Seilbahn vorbei dem Wegweiser mit dem Eichhörnchen folgen.

KM 1

1 Waldbett
Träumen unterm Blätterdach

Mit etwas Glück reicht die S... dem Melchenberg 50 Kilome...

Eine Blaumeise zwitschert, ein Rotkehlchen fällt mit ein. Beim Blick in den Himmel sieht man eine Rotbuche, eine Birke, eine Ilex. Ihre Zweige bewegen sich im Wind, es rauscht in den Blättern, man kann sogar das Holz riechen. Das hölzerne Waldbett, eine der zwölf Stationen des Walderlebniswegs zwischen dem Berghotel Hohe Mark und dem Aussichtsturm Melchenberg, lädt dazu ein, eine kleine Auszeit zu nehmen und sich ganz auf die Natur zu konzentrieren. Sollte hier besetzt sein, ist die Waldglotze, eine auf einen Holzrahmen ausgerichtete Wellenliege, eine nette Alternative. An den anderen Stationen des Erlebniswegs lernen Besucher viel Wissenswertes über den Wald, mal geht es um die verschiedenen Holzarten, mal um die Waldbewohner. (www.reken.de)

Weiter den Walderlebnisweg entlang, an der Klangstation scharf rechts abbiegen zum Aussichtsturm.

Ein bisschen hart ist das Waldbett schon, aber man kann darauf die Natur mit allen Sinnen genießen.

KM 1,5

2 Aussichtsturm Melchenberg
360-Grad-Panorama

Auf dem Melchenberg, immerhin 162 Meter hoch, ermöglicht ein Aussichtsturm einen spektakulären Rundumblick, bei optimalem Wetter bis zu 50 Kilometer weit. Stolze 168 Treppenstufen muss man erklimmen, um von der Besucherplattform des Mobilfunk-Sendeturms in 30 Metern Höhe die Sicht zu genießen – über Reken, bis ins Ruhrgebiet und nach Münster. So sind zum Beispiel das Kloster Gerleve oder die Uniklinik Münster, aber auch die großen Waldgebiete der Baumberge und der Hohen Mark zu sehen. Mit einem kostenlos nutzbaren Fernglas lässt sich auch so manches Detail entdecken.

Am Turm rechts in den Wald. An der Gabelung links halten, dann die zweite Möglichkeit links und an der Kreuzung den mittleren Weg linker Hand nehmen. Bei den Tannen nach rechts den Wald verlassen. Rechts auf die Velener Straße und scharf links auf Siepe. Rechts ab und im Wald den zweiten Weg nach rechts. An der T-Kreuzung links, scharf rechts auf den Bollengraben, dann links in den Waldweg und weiter am Feld entlang.

Auf der Terrasse der Gaststätte Schöttler sitzt man wie in Nachbars Garten.

KM 6

3 Gaststätte Schöttler
Pause im Biergarten

Die Verlockung ist groß, schließlich verläuft der Wanderweg auf halber Strecke direkt über den Bauernhof: Im Biergarten der Gaststätte Schöttler, einer rustikalen Bauernkneipe, kann man wunderbar in der Sonne – oder wahlweise unter einem der Sonnenschirme – sitzen und sich mit Kaffee und einem Stück Kuchen stärken. Für Freunde des Herzhaften gibt es zum Kaltgetränk einfache Schnittchen. Schön für Familien: Im Garten unmittelbar neben dem Biergarten gibt es einen recht großen Spielplatz für Kinder. Bei Gruppen wird um Voranmeldung gebeten. (www.bauernkneipe.de)

Die Straße überqueren und weiter geradeaus. Am Feld entlang, erst links, dann zweimal rechts zurück in den Wald. An der T-Kreuzung links, bis rechter Hand die Lichtung mit der Liebesbuche auftaucht.

Pilgerziel für Romantiker: Die Liebesbuche ist eine lokale Berühmtheit.

KM 8

4 Liebesbuche
Herzchen suchen

Geschichte mal anders: Im Wald unterhalb des Melchenbergs ist die Liebesbuche eine lokale Berühmtheit. Ganze Generationen von verliebten Rekenern haben hier ihre Gefühle verewigt, Herzen und Initialen in den Stamm geritzt. Nur wenige Schnitzereien sind erhalten, immerhin ist die mächtige Rotbuche mit einem Stammumfang von mehr als vier Metern etwa 300 Jahre alt. Hier und da kann man zwar noch ein Liebessymbol entdecken, es ist aber auch toll, einfach das samtweiche Moos am Stamm zu fühlen und die Pilze zu bewundern, die ein Stück weiter oben wachsen – auch wenn Letztere leider ein Zeichen dafür sind, dass der Baum langsam zerfällt.

Zurück auf den Pfad, dann rechts auf den asphaltierten Weg, in der Kurve rechts auf den Feldweg. Links weiter am Feld entlang. Wenn die Landstraße zu sehen ist, rechts in den Wald. Den steilen Berg hoch und dem Schild zum Berghotel folgen.

Im Niedrigseilgarten können Klein und Groß eine Kletterpartie wagen – und das auch noch kostenlos.

Generationen von verliebten Rekenern haben im Wald ihre Gefühle verewigt.

EXTRA INFOS:

Eine der ältesten ihrer Art in Westfalen ist die Rekener ● **Turmwindmühle** von 1807. Bis 1945 wurde der Bau als Wind-, Korn- und Grützmühle genutzt, nach der Renovierung richtete der Heimatverein Reken hier schon in den siebziger Jahren ein Museum ein. Rund um das Thema »Vom Säen zum Ernten« werden Werkzeuge und Maschinen ausgestellt, zusätzlich bilden einige Nebengebäude ein kleines Freilichtmuseum. Von Mai bis Oktober werden immer sonntags in der Zeit zwischen 14.30 und 18 Uhr Führungen angeboten. (www.heimatverein-reken.de)

KM 9,2 » ZIEL
Parkplatz Berghotel Hohe Mark

KM 9

5 Niedrigseilgarten
Klettern und balancieren

TrustBridge, Pullywalk, Schlaufenbrücke – nie gehört? Dann wird es aber Zeit. Im Niedrigseilgarten am Berghotel Hohe Mark gibt es auf einer Länge von rund 100 Metern verschiedene Schwingstationen, Balancier- und Kletterelemente, die allesamt kostenlos ausprobiert werden können. Der gesamte Parcours befindet sich in Absprunghöhe, sodass nicht nur Kinder, sondern auch vorsichtigere Erwachsene hier durchaus ihren Spaß haben. Nebenbei kann man auf der Freifläche am »Knusperhäuschen« auch picknicken, entweder als Selbstversorger oder mit einer Grillwurst von der »Bergstation« des Hotels. (www.reken.de)

Der Parkplatz liegt direkt am Klettergarten.

Die Rekener Turmwindmühle beherbergt heute ein kleines Museum.

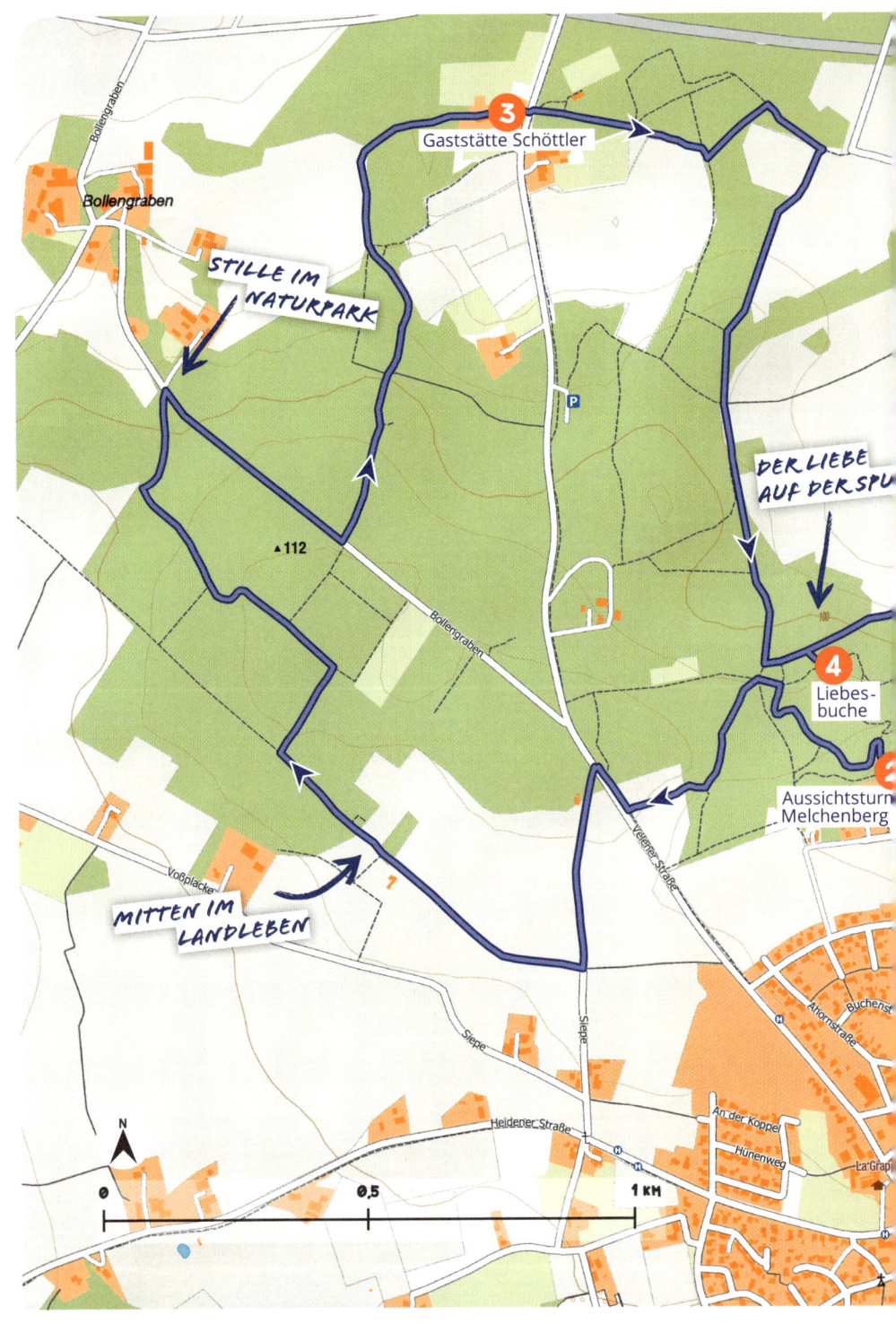

AUF EINEN BLICK

- **Start/Ziel:** Parkplatz Berghotel Hohe Mark, Werenzostraße 17, Reken (nächstgelegene Bushaltestelle: Groß Reken, Alte Kirche, Linie R73 ab Bahnhof Reken)
- **Strecke:** 9,2 km (Rundtour)
- **Reine Wanderzeit:** 2 Std. 30
- **Höhenmeter:** ↗ 100 m ↘ 100 m
- **Wegbeschaffenheit:** Vor allem Waldboden, Feldwege und Wiesen, dazwischen auch Asphalt.
- **Beste Zeit:** Von Frühling bis Herbst. Im Winter ist der Aussichtsturm Melchenberg zeitweise wegen Glatteisgefahr geschlossen.
- **Ausrüstung:** Eine Landkarte, um auf dem Aussichtsturm die Umgebung einordnen zu können.

DIE WANDERPAUSEN

» START
Parkplatz Venner Moor

KM 0,5
1 XXL-Rhododendren
Kuriose Exoten bewundern

KM 1
2 Bank am See
Den Blick aufs Wasser genießen

KM 5
3 Hof Grothues-Potthoff
Kuchen und Golf

MOOR MIT 16 DSCHUN-GELFLAIR

Im Venner Moor bei Senden

Die Warnung steht am Wegesrand: Betreten auf eigene Gefahr! Schwarzes Wasser, Sumpfgras, Moorbirken und Mücken. Selbst Schlangen gibt es hier. Das Venner Moor kommt mal düster, mal wunderbar einladend daher. Aufregend natürlich ist es allemal. Lust auf ein Abenteuer in Indiana-Jones-Manier?

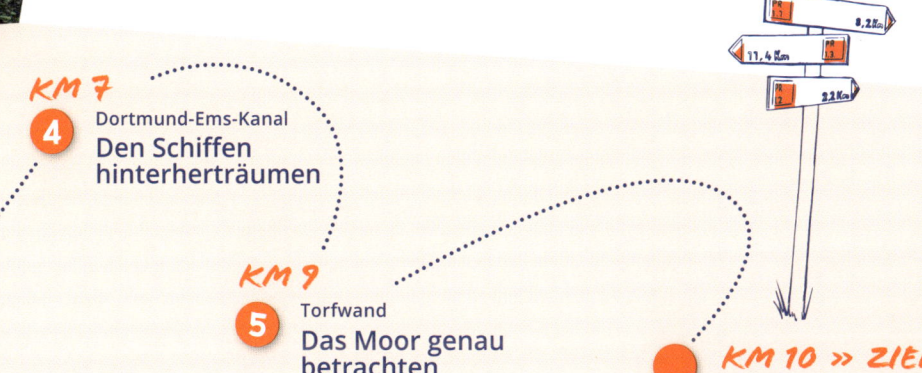

KM 7
4 Dortmund-Ems-Kanal
Den Schiffen hinterherträumen

KM 9
5 Torfwand
Das Moor genau betrachten

KM 10 » ZIEL
Parkplatz Venner Moor

HIER RIECHT'S NACH ABENTEUER

Kaum 200 Meter vom Parkplatz entfernt braucht es kein Schild, das Wandernde daran erinnert, auf den Wegen zu bleiben. Schwarzes Wasser leckt am Pfad. Sumpfgras, Farn und modernde Bäume wirken wie vom Set eines Indiana-Jones-Films. Die Infotafel verrät: Kreuzottern und Blindschleichen leben hier. Haushoher **XXL-Rhododendron** macht das Dschungelfeeling perfekt.

Dann ändert der Sumpf sein Gesicht: Ein offener See bietet den perfekten Platz für eine **Pause im Moor.** Einige Wasservögel gleiten lautlos dahin, Zitronenfalter flattern umher. Das Gewässer strahlt Ruhe aus, der Wind lässt die Oberfläche funkeln. Selbst der Pfad passt sich dem neuen Bild an, wird erst sandiger, dann zum Bohlenweg. »Betreten auf eigene Gefahr« steht hier. Das klingt finster, aber die Planken sind einladend, das Gras am Rand saftig. Das dumpfe Pochen der Schritte auf dem Holz hat etwas Meditatives. Die Stimmung ist jetzt eine andere, selbst die düstere Seite des Sumpfs nimmt man anders wahr. Die Tümpel sind nicht mehr nur dunkel, bei genauerem Hinsehen spiegelt sich der Himmel darin. Das Moos verleiht dem Wasser eine grünliche Färbung.

DIE FRISCHE BRISE AUF DER KANALBRÜCKE GENIESSEN

Nur langsam übernimmt der Wald. Eichen, Buchen, Nadelhölzer treten immer weiter auseinander, bis offene Felder zum Dortmund-Ems-Kanal leiten. Über die Brücke weht eine herrlich frische Brise, dahinter wollen Erdbeerfelder in Versuchung führen. Zum Glück ist es zum **Hof Grothues-Potthoff** und einem leckeren Stück Kuchen nicht mehr weit.

Danach scheint das Moor erstmal ganz weit weg. Die Angler und der kleine Yachthafen am **Dortmund-Ems-Kanal** wollen so gar nicht ins Dschungelbild passen. Doch schon bald weicht der Schotter wieder einem weicheren Untergrund, der Sumpf empfängt mit einer kleinen Heide, auf der junge Moorbirken wachsen. Dahinter kann man sich das Profil einer **Torfwand** ansehen. Mannshoch ragt sie auf, an ihrem Fuß schimmert das Wasser rostrot. Dann wird die Landschaft wieder grün und schwarz, bis die weißen Rhododendronblüten verkünden, dass es zum Parkplatz nicht mehr weit ist.

Kunstvolle Verrenkungen eines jungen Farns: Viele Details im Moor sind einen zweiten Blick wert.

An heißen Sommertagen steht man auf der luftigen Kanalbrücke genau richtig.

Schwarzes Wasser, Sumpfgras, Moorbirken. Ist das die Kulisse eines Abenteuerfilms?

WANDERN & GENIESSEN

 » START
Parkplatz Venner Moor

An der Infotafel vorbei dem Weg am Waldrand folgen, dann rechts abbiegen.

Schöner Nebeneffekt des Torfabbaus: Es ist ein wunderbar ruhiger See entstanden.

KM 0,5

① XXL-Rhododendren
Kuriose Exoten bewundern

Für Botaniker:innen ist das Moor ein echter Hingucker: Die relativ seltene Gewöhnliche Rauschbeere findet sich hier zum Beispiel ebenso wie ungewöhnlich große Bestände an Preisel- und Heidelbeeren. Aber auch wer sich nicht mit Pflanzen auskennt, kann die zahlreichen und vor allem riesigen Rhododendren kaum übersehen. Sie sind – ebenso wie einige andere Exoten – äußerst fotogene Überbleibsel einer ehemaligen Baumschule, die sich früher mitten im Naturschutzgebiet befand. Neben unbenannten Hybriden mit weißen oder violetten Blüten fällt vor allem der Rhododendron luteum mit seinen gelben Farbtupfern im Wald auf.

Weiter dem Weg folgen und an der Gabelung links halten. Dann rechts abbiegen.

Rhododendren im Münsterland? Eine Baumschule steckt dahinter.

Wenn die Arme noch Bewegung brauchen, ab zum Spiel-Golf.

KM 1

Bank am See
Den Blick aufs Wasser genießen

6000 Jahre Geschichte, drei Meter dicke Torfablagerungen: Das Venner Moor kann mit einigen imposanten Zahlen aufwarten. Leider ist mit rund 148 Hektar nur noch die Hälfte seiner ursprünglichen Größe erhalten. Entwässerungen und Torfabbau haben bis in die sechziger Jahre hinein zu einem unwiederbringlichen Verlust vieler Hochmoorarten geführt. Ein schönes Überbleibsel des Torfabbaus ist allerdings der große See, dessen Senke sich mit Wasser gefüllt hat. An seinem Rand steht eine Bank, die zur Wanderpause einlädt und einen ungestörten Blick aufs Wasser gewährt – eine wahre Ruheoase.

Links auf den Holzbohlenweg und nach dem zweiten Bohlenweg auf den Pfad rechts. Am Asphaltweg rechts, dann links in den Wald. Weiter über die Brücke, der Straße nach links folgen, die Landstraße überqueren und den Golfplatz umrunden.

KM 5

Hof Grothues-Potthoff
Kuchen und Golf

Idyllisch im Grünen gelegen bietet Hof Grothues-Potthoff genug Abwechslung für eine ausgedehnte Wanderpause. Im Hofcafé lockt eine große Auswahl an Kuchen und Torten aus der eigenen Konditorei, die auf der sonnigen Terrasse natürlich am besten schmecken. Es gibt aber auch einen herzhaften Mittagstisch und einen schön hellen Wintergarten. Wenn's geschmeckt hat, ab in den Hofladen direkt gegenüber: Hausgemachte Saucen, Suppen, Marmeladen und Co. werden hier ebenso verkauft wie die frischen Hoferzeugnisse, von Spargel über Erdbeeren bis hin zum Saft aus eigener Pressung. Wer den Kuchen sofort wieder abtrainieren möchte, kann hier aber auch eine Rund Spiel- oder SwinGolf – Varianten von Minigolf bzw. herkömmlichem Golf – spielen. (www.hof-grothues-potthoff.de)

Den Hof über die Allee verlassen, links abbiegen und den Weg zurück zur Kanalbrücke nehmen. Hinter der Brücke links, um den Yachthafen herum und dem Kanal weiter folgen.

Kleine Yachten und große Frachter, sonst kommt hier kaum jemand vorbei.

Schloss Senden stammt teils aus dem 15. Jahrhundert.

EINE KLEINE EXTRARUNDE WERT

KM 7

④ Dortmund-Ems-Kanal
Den Schiffen hinterherträumen

Während der Dortmund-Ems-Kanal in Münster mancherorts wie ein Freibad anmutet, herrscht hier wunderbare Ruhe. Von dem Streifen Wiese am Ufer kann man manchmal Angler beobachten, die den guten Fischbestand im Kanal schätzen. Ansonsten gehört die auf Sendener Gebiet fast zehn Kilometer lange Wasserstraße den Schiffen: Mal gleitet ein Boot aus dem nahen Yachthafen vorbei, mal zieht ein voll beladenes Frachtschiff Richtung Dortmund oder Papenburg eine passable Heckwelle hinter sich her. Lange kann man den Schiffen nachsehen, bis sie auf dem schnurgeraden Band, das so schön türkis in der Sonne funkelt, zu kleinen Punkten zusammengeschrumpft sind.

Weiter am Kanal entlang, dann nach rechts der Beschilderung Venner Moor folgen.

KM 9
5 Torfwand
Das Moor genau betrachten

Das Venner Moor gilt als eines der wenigen noch erhaltenen Hochmoore in Westfalen. Durch wachsende und absterbende Torfmoose bildeten sich in den ehemaligen Wäldern aus Birken und Kiefern im Laufe der Zeit bis zu drei Meter dicke Torfschichten. Die etwa zwei Meter hohen Abbruchkante, die hinter der Heide aufragt, gewährt einen Blick in die Vergangenheit. Zur Entstehungs- und Nutzungsgeschichte des Moors gibt es nur ein paar Schritte entfernt eine recht ausführliche Informationstafel des Naturschutzzentrums Kreis Coesfeld. (www.naturschutzzentrum-coesfeld.de/venner-moor)

Zurück zur Infotafel, um dort rechts abzubiegen. Dem Weg bis zum Rand des Naturschutzgebiets folgen und links zum Parkplatz abbiegen.

EXTRA INFOS:

Die Tour lässt sich durch einen Abstecher zum ● **Schloss Senden** um etwa vier Kilometer verlängern. Dafür einfach den Hof Grothues-Potthoff nach rechts verlassen und durch Senden der Beschilderung zum Schloss folgen. Das Wasserschloss mit Herrenhaus, Innenhof und Wassergräben stammt teils aus dem 15. Jahrhundert, kurios ist das komplett schiefe Mannenhaus von 1719. Führungen werden an jedem zweiten Sonntag im Monat angeboten, die historische Parkanlage ist frei zugänglich. Zurück geht's am Dortmund-Ems-Kanal entlang. (www.schloss-senden.de)

KM 10 » ZIEL
Parkplatz Venner Moor

Schicht um Schicht gewachsen: Die Abbruchkante im Moor gewährt einen Blick in die Vergangenheit.

AUF EINEN BLICK

» **Start/Ziel:** Parkplatz Venner Moor, Kappenberger Damm 990, Senden (nächstgelegene Bushaltestelle: Venner Moor, Linie 7 ab Münster Hauptbahnhof wird zur Linie R41)
» **Strecke:** 10 km (Rundtour)
» **Reine Wanderzeit:** 2 Std. 30
» **Höhenmeter:** ↗30 m ↘30m
» **Wegbeschaffenheit:** Weicher Waldboden, Holzplanken im Moor, Splitt am Kanal, etwas Asphalt.
» **Beste Zeit:** Besonders schön ist die Rhododendron-Blüte im Mai, aber auch bei Nebel oder Frost herrscht eine besondere Stimmung.
» **Ausrüstung:** Unbedingt Mückenschutz einpacken!

ERDBEEREN, SO WEIT DAS AUGE REICHT

DIE WANDERPAUSEN

» START
Parkplatz Alte Vikarie, Stromberg

KM 3,5
1 Pflaumenhof Stemich
Im Hofladen stöbern

KM 4,5
2 Großer Kreuzweg
Ein kurioser Irrtum

KM 5,5
3 Aussichtsturm
Panoramablick auf Wiesen und Pflaumenbäume

17
FRUCHTIGE AUSZEIT

Auf dem Stromberger Pflaumenwanderweg

Wie weiße Wölkchen haften Abertausende Blüten an Abertausenden Pflaumenbäumen, wenn man im April unterwegs ist. Im übrigen Jahr ist der Pflaumenwanderweg eine einzige Verheißung, ein Versprechen, das erst im September mit der Ernte eingelöst wird.

KM 6,5
4 Brennerei Josef Druffel
Pflaumige Spirituosen probieren

KM 7
5 Historischer Ortskern
Fachwerkhäuser fürs Fotoalbum

KM 7,5
6 Burgberg
Picknick mit historischem Flair

KM 8,2 » ZIEL
Parkplatz Alte Vikarie, Stromberg

BLÜTENZAUBER ...

 ... liegt schon nach den ersten Metern in der Luft. Schnell lässt man die letzten Häuser von Stromberg hinter sich, wandert zwischen weiten Wiesen und Obstplantagen. Der Feldweg wird zu einem schmalen Pfad, über den sich Bäume und Sträucher neigen. Die Sonne glitzert zwischen den Zweigen. Richtig heimelig sieht das aus.

Ein kurzes Stück führt durch einen lichten Buchenwald, der einen Schleier aus zartem Grün trägt. In den Baumkronen pfeifen die Vögel den Frühling herbei. Doch bald öffnet sich der Blick wieder über die sanften Hügel, Pflaumenbäume stehen in Reih und Glied. Die ersten Bauernhöfe kommen in Sicht, hinter ihnen am Horizont verschmilzt das weiße Kleid der Frühblüher mit dem Himmel. Im kleinen Hofladen des **Pflaumenhofs Stemich** durch die leckeren Versuchungen stöbern, dann geht es mit merklich schwererem Rucksack weiter.

PAUSE AUF DER BANK MIT BLICK AUF DIE KIRCHE ST. LAMBERTUS

Die Welt ist nur Wiese und Pflaume. Hin und wieder unterbricht eine Station des **Großen Kreuzwegs** das Bild, ein Cabrio braust über die Landstraße. Dann ist es wieder still. Erst am **Aussichtsturm** trifft eine Handvoll Wandernder aufeinander. Das Panorama ist grün und blau und weiß.

Hinter einem Wäldchen taucht ganz unerwartet die Pfarrkirche St. Lambertus auf. Jenseits einer saftigen Wiese steht sie da wie gemalt. Halb umrundet wartet auf der anderen Straßenseite die **Brennerei Druffel** mit allerlei Pflaumen in flüssiger Form. Die geben Energie für den steilen Anstieg zu Strombergs **historischem Ortskern.**

Bunte Fachwerkhäuser gruppieren sich um die Daudenstraße, als hätte hier ein Freilichtmuseum eröffnet. Ein Eindruck, der sich auf dem **Burgberg** noch verstärkt: Ein paar alte Gemäuer trotzen auch hier den Jahrhunderten. Doch durch den Torbogen blitzt das allgegenwärtige Grün der Wanderung schon wieder hervor, Bänke mit Panoramablick inklusive. Zum Ausgangspunkt ist es jetzt nicht mehr weit, man müsste sich nur losreißen können.

Durch einen Tunnel aus Sträuchern geht man auch nicht alle Tage.

Seltenheit am Weg. Eigentlich gibt es hier nur Wiese und Pflaume.

Ganz unerwartet taucht die Pfarrkirche St. Lambertus auf.

WANDERN & GENIESSEN

Ein Hofladen prall gefüllt mit Pflaumen – vom Mus über den Ketchup bis zum Essig.

»START
Parkplatz Alte Vikarie, Stromberg

Nach links gehen, an der Ampel rechts abbiegen und der Beschilderung »Pflaumenwanderweg« folgen.

KM 3,5

① Pflaumenhof Stemich
Im Hofladen stöbern

Das ganze Jahr über bietet Familie Stemich im eigenen kleinen Hofladen selbst gemachte Pflaumenprodukte an: vom Pflaumenmus über den Pflaumenketchup bis zum Pflaumenessig. Vor Ort stärken kann man sich mit einem Eis – am besten auf der sonnigen Picknickbank direkt an der Hofeinfahrt. Wer sich als Gruppe anmeldet, wird mit Kaffee und Kuchen bewirtet und bekommt auf Wunsch auch eine Hofführung. Alljährlich am ersten Mai wird hier das Pflaumenblütenfest gefeiert, von Mitte August bis Mitte September gibt's außerdem jeden Sonntag ein Hofcafé. Der Hofladen (Nottbeck 4) ist dienstags und samstags von 8 bis 18 Uhr geöffnet, man kann aber auch außerhalb der Öffnungszeiten sein Glück versuchen.

Dann an der Picknickbank vorbei und weiter den Schildern mit der Pflaume folgen..

Kuriose Station auf dem Großen Kreuzweg: Zur Kreuzkirche geht's in die andere Richtung.

KM 4,5

② Großer Kreuzweg
Ein kurioser Irrtum

Stromberg ist mit seiner Kreuzkirche, in der eines der ältesten Kruzifixe Westfalens aufbewahrt wird, ein bekannter Wallfahrtsort. Besonders in der Karwoche sind daher viele Pilgerinnen und Pilger auf dem Großen Kreuzweg unterwegs. Einige der Stationen begegnen auch den Wandernden auf dem Pflaumenwanderweg. Lohnenswert ist vor allem ein Stopp an der fünften Station, denn die ist bei näherer Betrachtung ganz schön kurios: Ursprünglich sollte die Gruppe am Berghang nämlich auf der gegenüberliegenden Straßenseite errichtet werden. Als sich der Stifter anders entschied, übersah man offenbar, dass Simon das Kreuz nun in die falsche Richtung trägt. In Stromberg munkelt man augenzwinkernd, dass Jesus lieber umdrehte, als den Anstieg hinaufzugehen.

Rechter Hand auf den schmalen Pfad abbiegen und den Pfeilen folgen.

Eins, zwei, drei ... Wer vom Aussichtsturm die Pflaumenbäume zählt, hat einiges zu tun.

KM 5,5

③ Aussichtsturm
Panoramablick auf Wiesen und Pflaumenbäume

Alle 15 000 Stromberger Pflaumenbäume sieht man vom Aussichtsturm des Pflaumenwanderwegs zwar nicht, aber das Panorama ist trotzdem beeindruckend: Bei guter Sicht blickt man von den Hängen der Stromberger Höhen nämlich nicht nur auf Pflaumenwiesen, sondern weiter bis nach Rheda-Wiedenbrück und zum Teutoburger Wald. Außerdem lädt eine Picknickbank zum kleinen Päuschen ein. Infoschilder – auf dem gesamten Wanderweg gibt es insgesamt neun solcher Stationen – berichten von Geschichte, Anbau, Ernte und Weiterverarbeitung der regionalen Pflaume.

Zurück an der Straße links halten und immer den Schildern mit der Pflaume nach.

Jochen Druffel verarbeitet die Stromberger Pflaume zu Hochprozentigem.

KM 7

 Historischer Ortskern
Fachwerkhäuser fürs Fotoalbum

Noch heute zeichnen viele Baudenkmäler im historischen Ortskern die Entwicklung von Stromberg, dessen Geschichte bis ins Jahr 1177 zurückgeht, nach. Besonders in der Daudenstraße und um den Marktplatz reihen sich münsterländische Ackerbürgerhäuser aus dem 17. und 18. Jahrhundert aneinander. Mal rot, mal weiß ist eins schöner als das andere – die perfekten Fotomotive. Strombergs ältestes Gebäude ist übrigens die Alte Vikarie aus dem Jahr 1322, Start und Ziel der Wanderung. Der Heimatverein unterhält hier ein Dorfarchiv und ein kleines Museum. Das ist zwar nur nach Abstimmung mittwochs von 15 bis 17 Uhr geöffnet, allein die Außenanlagen lohnen aber einen Blick.

Dann die erste Möglichkeit links abbiegen und am Marktplatz wieder links auf den Burgberg zu.

KM 6,5

Brennerei Josef Druffel
Pflaumige Spirituosen probieren

An Auszeichnungen mangelt es der Brennerei Josef Druffel, seit 1792 und in nunmehr siebter Generation fester Bestandteil des Orts, nicht. Wer sich selbst von der Qualität der Spirituosen überzeugen möchte, darf natürlich probieren (und auch später im Online-Shop einkaufen): Einen Likör, einen Brand und eine Pflaume mit Aquavit macht das Familienunternehmen aus der Stromberger Pflaume. Führungen finden nur freitags und nach Voranmeldung statt. »Wanderer können aber immer gerne in die Produktion reinschauen«, versichert Inhaber Jochen Druffel. (www.brennerei-druffel.de)

Weiter die Straße entlang und am Friedhof rechter Hand den steilen Fußweg hoch.

Von den Ackerbürgerhäusern im historischen Ortskern ist eins schöner als das andere.

Durch den Torbogen zur Abbruchkante: Der Blick vom Burgberg ist spektakulär.

EXTRA INFOS:

Wer für ein Picknick nicht ausgerüstet ist, findet in der Altstadt von Stromberg mehrere Einkehrmöglichkeiten. Besonders schön ist das ● **Café Heinrichs** (Daudenstraße 7), das zur Erntezeit Pflaumenbrot, -kuchen und -schorle auf der Karte hat. (www.cafe-teeke.de/heinrichs)

KM 7,5

6 Burgberg
Picknick mit mittelalterlichem Flair

KM 8,2 » ZIEL
Parkplatz Alte Vikarie, Stromberg

Einst residierten hier die Burggrafen und Ritter, heute ist der Burgberg der ideale Platz für ein Picknick vor historischer Kulisse. 1780 wurde die Burganlage zerstört, erhalten geblieben sind der 30 Meter hohe Paulusturm aus dem 15. Jahrhundert und das Mallinckrodthaus von 1456 als das älteste erhaltene Burgmannenhaus Westfalens. Wirklich romantisch wird es aber erst hinter dem Torbogen: Steil fällt der Bergrücken hier ab, der Blick von den Bänken an der Abbruchkante weit hinaus auf die Hänge und Ebenen des Münsterlands ist spektakulär. Wer es etwas abgelegener mag, breitet die Picknickdecke einfach auf der Wiese aus, im Schatten der Burgruine und der 1344 geweihten Heilig-Kreuz-Kirche, in der das kostbare Kreuz von Stromberg aufbewahrt wird.

Durch den Torbogen zurück zum Marktplatz. Dort links halten, um zum Parkplatz zurückzugelangen.

Erst ein gemütliches Picknick, dann Burgruine und Wallfahrtskirche bewundern.

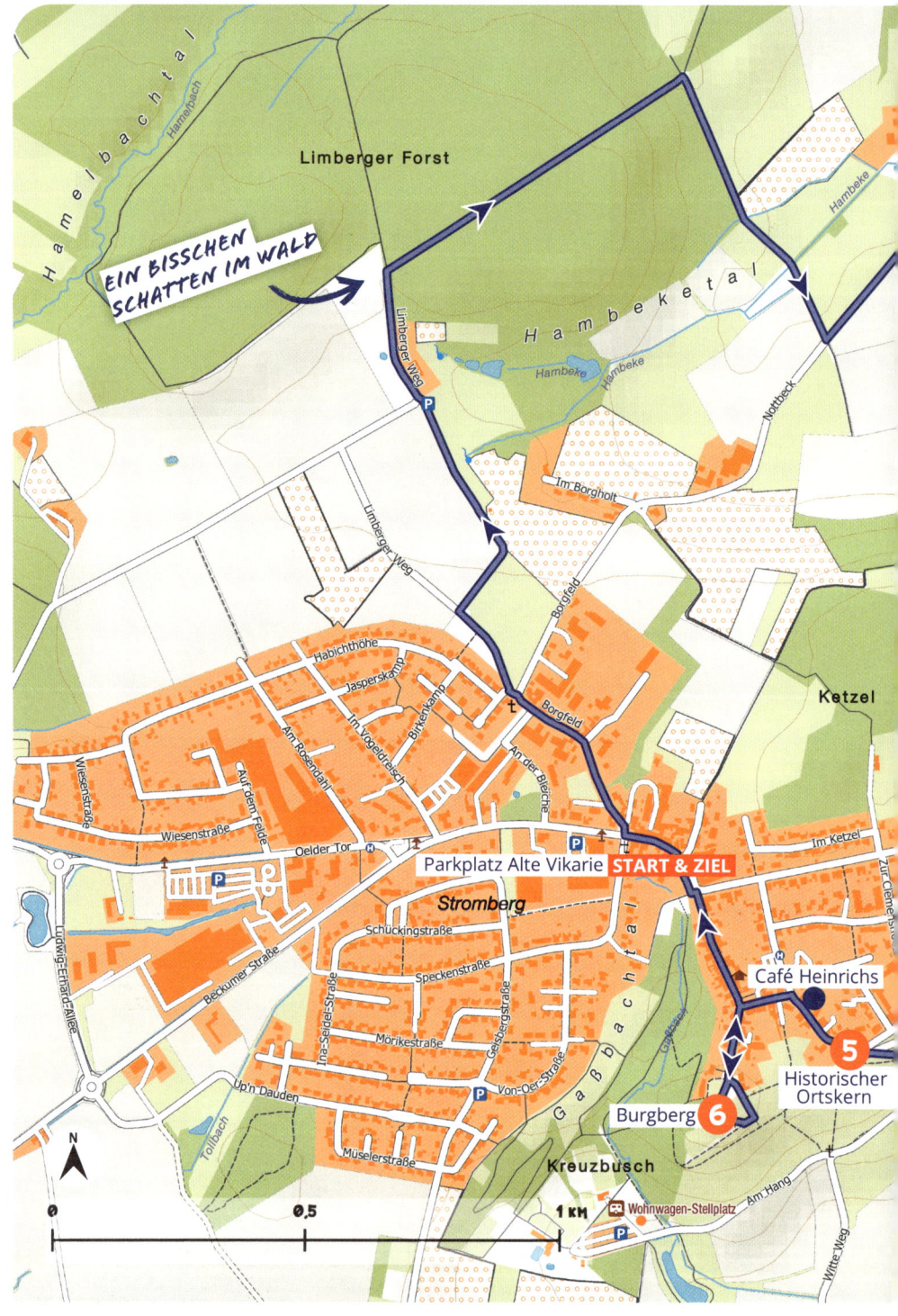

DIE WANDERPAUSEN

» START
Parkplatz Burg Vischering

KM 0,2
1 Burg Vischering
Dem alten Adel begegnen

KM 1,5
2 Ostenstever
Entspannung am Wasser

KM 4
3 Dinkelhof
Kleine Auszeit zwischen Tieren

18
BURGEN & BÄCHE

Von Burg Vischering zur Burg Lüdinghausen

»Über sieben Brücken musst du gehen ...« Den Ohrwurm wird man hier so schnell nicht los. Zwar liegen die imposanten Adelssitze eigentlich keine zehn Fußminuten auseinander, aber manchmal ist der (Um-)Weg das Ziel. Vor allem wenn es durch eine idyllische Bachlandschaft geht, die sich so schön an Wald und Felder schmiegt.

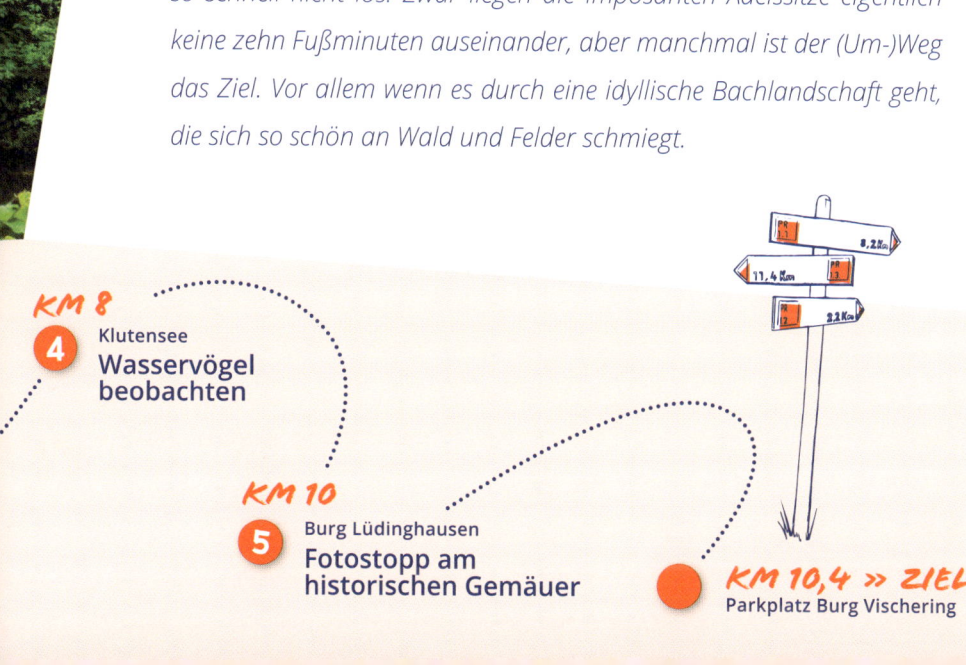

KM 8
4 Klutensee
Wasservögel beobachten

KM 10
5 Burg Lüdinghausen
Fotostopp am historischen Gemäuer

KM 10,4 » ZIEL
Parkplatz Burg Vischering

SPANNEND BLEIBT ES ...

... bis zur letzten Sekunde. Erst kurz vor dem Torbogen geben die Bäume den Blick frei auf **Burg Vischering,** ein Kastell wie aus dem Bilderbuch: mit rot-weißen Fensterläden, Zugbrücke, Burggraben. Drinnen tanzen die alten Bewohner in einer Multimedia-Inszenierung durch den Rittersaal – da kann man schnell die Zeit vergessen.

Auch die träge Vischering-Stever gegenüber der Burggräfte lädt zum Trödeln ein. Eine Wildwiese blüht lila und gelb, an ihrem Ende plätschert schon die Mühlenstever unter den Füßen – es ist die erste von vielen Brücken, die noch kommen. Besonders schön spannen sie sich über die **Ostenstever,** den dritten Arm des Lippe-Zuflusses. Sowieso will man hier länger bleiben, jede Bank eine Versuchung: das Rauschen der Kaskade im Ohr, die Sonne im Gesicht.

WENN IM FRÜHLING WINTER IST, WEIL WEISSE POLLEN WIE SCHNEE AUF DEN SEE SCHWEBEN

Das Wasser weicht der Gerste, einem grünen, wogenden Meer, das so weich aussieht, dass man hineinfallen möchte. Kurz taucht man in ein Wäldchen und wird – kaum wieder heraus – von Rehen skeptisch beäugt. Die Tiere gehören zum **Dinkelhof,** der mit seinem Pausenhäuschen zur kleinen Auszeit einlädt.

Auf dem Feldweg zurück in den Wald steht das Gras so hoch, dass klar ist: Hier ist schon lange niemand mit mehr als seinen zwei Füßen vorbeigekommen. Entsprechend überrascht sind die Enten, die – noch bevor man sie baden sieht – aufgeschreckt hochflattern. Der schmale Pfad schlängelt sich jetzt am Gronenbach entlang.

Felder, Wald, wieder ein Bach, der über Steine gurgelt. Ein zugewachsener Steinbogen erinnert wie die Miniatur einer Burgbrücke daran, wo es hingeht. Doch zuerst kommt der **Klutensee.** Mitten im Weg reckt eine Gans keck den Hals in die Luft. Ihre Küken stehlen dem Bilderrahmen am Ufer beinahe die Show.

Den nächsten Bach sieht man oft nicht, hört nur das leise Plätschern; bis die Krähen im Wohngebiet ihn übertönen. Nur noch eine hübsche Holzbrücke, dann taucht das rote Dach der **Burg Lüdinghausen** auf. Acht Minuten sind es zur Burg Vischering, verrät ein Schild. Wäre das auch der Hinweg gewesen – was hätte man alles verpasst.

Eine von vielen Brücken führt zur Burg Lüdinghausen.

Wer sie im Wald verpasst hat, begegnet den Rehen auf jeden Fall am Dinkelhof.

Malerisch: roter Klatschmohn am Rand eines wogenden Getreidefelds.

WANDERN & GENIESSEN

● **»START**
Parkplatz Burg Vischering

Vom Parkplatz den kleinen Pfad nehmen und links halten Richtung Burg.

Bis zum letzten Moment gut versteckt: Burg Vischering.

KM 0,2
① **Burg Vischering**
Dem alten Adel begegnen

Eine Multimedia-Inszenierung haucht dem alten Rittersaal von Burg Vischering neues Leben ein.

Burg Vischering ist der malerische Prototyp einer münsterländischen Wasserburg, sie wirkt, als könnte jeden Moment eine Horde Ritter über die Zugbrücke stürmen. Neben wechselnden Ausstellungen, Konzerten und Veranstaltungen bietet vor allem die interaktive Dauerausstellung der zum Museum ausgebauten Burg Geschichte zum Anfassen. Auf einer Zeitreise begleitet man die ehemaligen Bewohner:innen auf ihrem Weg zu einer der einflussreichsten landadligen Familien des Münsterlands durch die Jahrhunderte – vom Kampf mit den benachbarten Burgen Wolfsberg und Lüdinghausen im Jahr 1270 bis in die Gegenwart. (www.burg-vischering.de)

Am Wassergraben rechts in die Allee und am Marienboot links ab. Über die Brücke und rechts auf Im Ried, an der Hauptstraße links und hinter der Brücke links am Wasser entlang.

Mit dem Rauschen des Wassers im Ohr kann man an der Ostenstever wunderbar entspannen.

KM 4
③ Dinkelhof
Kleine Auszeit zwischen Tieren

Der Dinkelhof ist eine wahre Naturoase. Glöckchen an Ziegenhälsen bimmeln, Pferde und Esel grasen auf der Weide. Gleich daneben: Picknicktische, auf denen frische Blumen stehen, und ein kleines »Pausenhäuschen«, ausgestattet mit Kaffee, Kaltgetränken, Keksen und Eis zur Selbstbedienung. Ein paar Schritte weiter betreibt Familie Dinkheller auch einen Hofladen mit einem großen Sortiment an Dinkelprodukten und Naturkost, selbst gebackenem Brot und hofeigenen Erzeugnissen. Wer mag, kann zum Schluss noch am Automaten Ziegenfutter ziehen und die Tiere füttern. (www.der-dinkelhof.de)

Links auf den Feldweg, am Vorfahrtsschild rechts, dann links abbiegen. An der Gabelung rechts halten. Den Erbdrostenweg überqueren und dem Weg bis zum Bauernhof folgen. Dort links am Bach entlang. Rechts auf den Klutendamm, am Café Indigo links halten und links auf den Pfad zum See.

KM 1,5
② Ostenstever
Entspannung am Wasser

Drei Arme der Stever fließen durch Lüdinghausen: die Vischering Stever, die Mühlenstever und die Ostenstever. Letztere wurde in den dreißiger Jahren kanalartig ausgebaut, um dem regelmäßig auftretenden Hochwasser etwas entgegenzusetzen. Der künstliche Ausbau tut der Schönheit der Landschaft aber keinen Abbruch: Wolken und Bäume spiegeln sich im Wasser, Seerosenblätter schwimmen auf der Oberfläche. Besonders idyllisch ist ein hölzerner Balkon, eigentlich ein Angelplatz für Rollstuhlfahrer:innen. Aber auch die zahlreichen Bänke laden dazu ein, einen Moment zu entspannen und die Natur zu genießen.

Nach der Holzbrücke rechts auf den Karnickeldamm, am Picknickplatz wieder rechts.

Kleingeld für den Dinkelhof nicht vergessen!

Der Klutensee ist ein echtes Landschaftsgemälde – im Sommer sind sogar Schwimmer:innen darauf zu sehen.

Das Ambiente historisch, die hausgemachten Torten ein Gedicht: Café Reitstall.

KM 8

4 Klutensee
Wasservögel beobachten

Wenn nicht gerade hochsommerliche Temperaturen herrschen, ist es am Klutensee schön ruhig. So kann man im Naturschutzgebiet Wasservögel beobachten, die den etwa sieben Hektar großen See als Brutgebiet nutzen – entweder entlang der Strecke bis zur Liegewiese oder auch etwas ausgedehnter auf dem Rundwanderweg. Auf der Liegewiese stehen Picknicktische für eine kleine Pause, es lohnt sich aber auch, einfach auf der Bank zu sitzen und durch den aufgestellten Holzbilderrahmen am Ufer zu schauen. Der lenkt den Blick aufs Wesentliche: die Natur. An heißen Tagen kann man in dem Baggersee – in den dreißiger Jahren ausgebaggert, weil man Erde für den neuen Bahndamm brauchte – dank der guten Wasserqualität sogar baden.

Hinter der Liegewiese links und wieder links auf den Feldweg. An der T-Kreuzung rechts abbiegen und wieder rechts auf Hinterm Hagen. Links über die Brücke dem Schild zur Burg Lüdinghausen folgen.

EXTRA INFOS:

Wer schon nach der Besichtigung von Burg Vischering hungrig ist, kehrt einfach noch auf dem Burggelände im ● **Café Reitstall** ein. Die historische Atmosphäre ist hier unschlagbar: Drinnen ist es urig-gemütlich, draußen sitzt man auf dem sonnigen Vorburgplatz mit perfekter Aussicht. Dazu gibt es hausgemachte Kuchen und Torten sowie kleinere herzhafte Gerichte. Und mit ein bisschen Glück weht vom benachbarten Backhaus der Duft von frisch gebackenem Brot herüber. (www.cafe-terjung.de)

KM 10
(5) Burg Lüdinghausen
Fotostopp am historischen Gemäuer

KM 10,4 » ZIEL
Parkplatz Burg Vischering

Burg Lüdinghausen ist weit weniger bekannt als Burg Vischering, dennoch lohnt ein Fotostopp am historischen Gemäuer: Auffällig ist die schöne Bogenbrücke, es gibt aber auch interessante Details an der Fassade zu sehen. Hier sind nicht nur verschiedene Wappen, sondern auch eine Liste mit Lebensmittelpreisen aus dem 16. Jahrhundert verewigt. Der ehemalige Wohnturm, der Eckteil des Hauptgebäudes, stammt sogar noch aus dem 13. Jahrhundert. Ab 1568 wurde die Burg im Stil der Renaissance umgestaltet. In den Räumen sind noch historische Decken und Kamine erhalten, offene Burgführungen finden von Mai bis Oktober an jedem ersten Sonntag im Monat statt. (www.burg-luedinghausen.de)

Zurück auf den Weg und rechts halten. Dann links auf den Wiesenweg, an der Straße links abbiegen und rechts auf den Parkplatz.

Weniger bekannt, aber trotzdem spannend: Burg Lüdinghausen.

AUF EINEN BLICK

» **Start/Ziel:** Parkplatz Burg Vischering, Berenbrock 1, Lüdinghausen (nächstgelegene Bushaltestelle: Abzweig Vischering, Schnellbus S90 ab Münster)
» **Strecke:** 10,4 km (Rundtour)
» **Reine Wanderzeit:** 3 Std.
» **Höhenmeter:** ↗50 m ↘50 m
» **Wegbeschaffenheit:** Hauptsächlich Waldboden, wenig Asphalt.
» **Beste Zeit:** Im Sommer kann man im Klutensee baden.
» **Ausrüstung:** Badesachen (im Sommer), Fernglas oder Teleobjektiv zur Vogelbeobachtung.

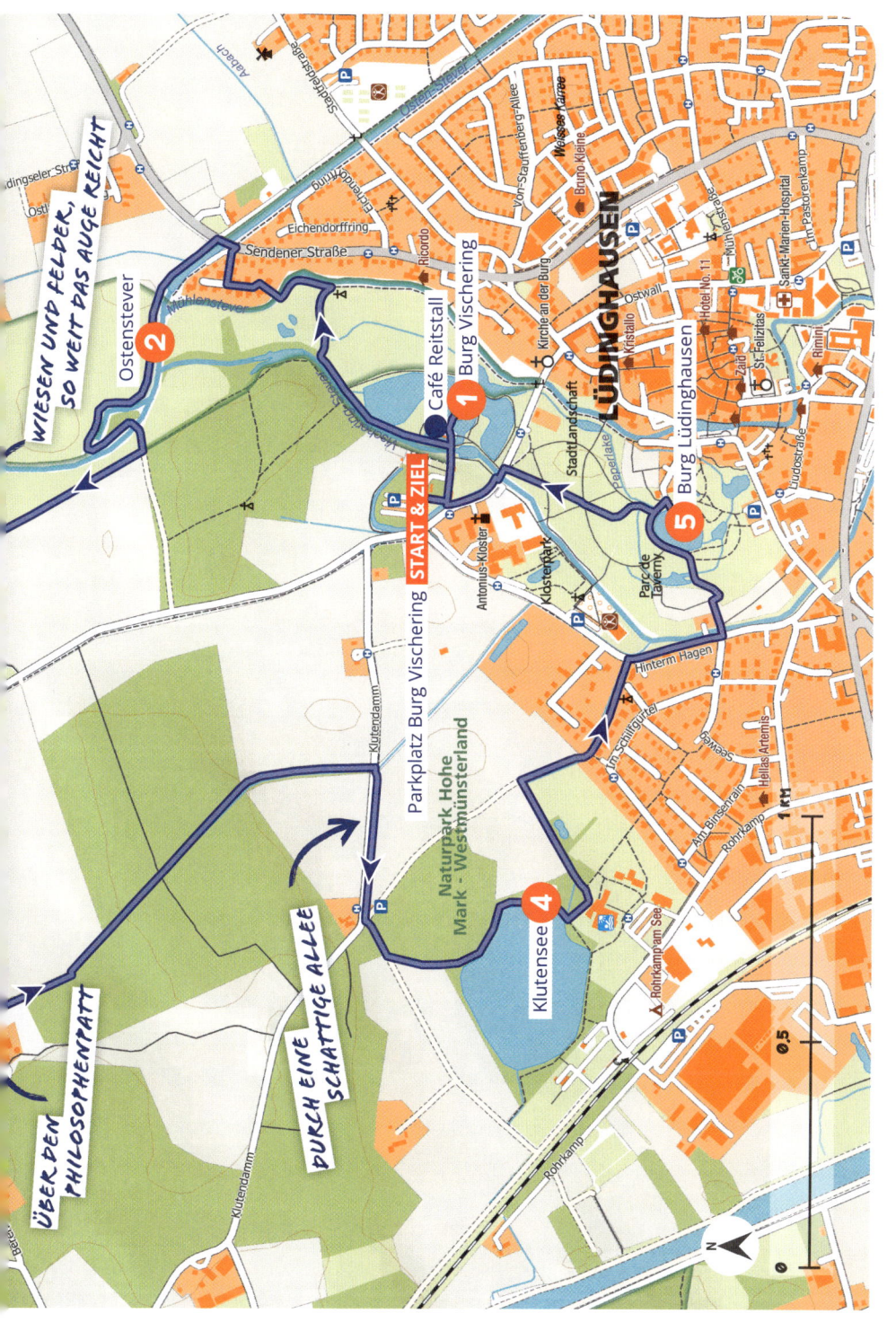

DIE WANDERPAUSEN

»START
Parkplatz Naturparkhaus Steveraue

KM 0,1
1 Naturparkhaus Steveraue
Die Natur aus der Vogelperspektive sehen

KM 0,5
2 Floßanleger
Sich einfach mal treiben lassen

KM 4
3 Steverstrand
Füße ins Wasser – Kurzurlaub

19
AUF TIER-SAFARI

Der Steverauenweg bei Olfen

Für eine Safari muss man nicht nach Afrika reisen. In der üppig-grünen Flusslandschaft der Stever grasen (halb)wilde Konik-Ponys, massige Heckrinder und zottelige Poitou-Esel. Am Himmel kreisen Störche, am Wasser jagen Eisvögel. Und ein bisschen Strand-Feeling ist auch noch mit dabei.

KM 5,5
4 Poitou-Esel
Neue Freundschaften schließen

KM 7
5 Aussichtskanzel
Koniks und Heckrinder beobachten

KM 9,5
6 Füchtelner Mühle und Steverumflut
Fotostopp zwischen Geschichte und Natur

KM 9,8 » ZIEL
Parkplatz Naturparkhaus Steveraue

JENSEITS VON AFRIKA ...

 ... liegt die Steveraue zwar nicht, aber aus der Vogelperspektive wirkt die Flusslandschaft wie die Kulisse einer exotischen Tierdoku. Der Drohnenflug, der im **Naturparkhaus Steveraue** gezeigt wird, macht Lust auf mehr – mehr Grün, mehr Tiere, mehr Flussromantik.

Nicht weit vom Besucherzentrum startet die Flussaue ihre Charmeoffensive: Träge fließt die Stever am **Floßanleger** dahin, ein Storch döst auf seinem Horst, fast lautlos legt die voll besetzte »Antonia« ab. Man kann nicht anders, als vom dicht umrankten Aussichtspunkt Lebewohl zu winken, am liebsten mit einem Taschentuch, so schön ist das.

Auch an Land verliert man den Fluss selten ganz aus den Augen. Immer wieder blitzt die Stever hinter Wiesen und Feldern durch, obwohl knallblaue Kornblumen, gelber Ginster und leuchtend roter Mohn ihr Bestes tun, um die Blicke auf sich zu lenken.

WENN EINEM EIN HALBES DUTZEND REHE BUCHSTÄBLICH AUS DER HAND FRISST

Im einen Moment riecht es noch nach frisch gemähtem Gras, im nächsten nach Sonnencreme und Urlaub. Neben der denkmalgeschützten Dreibogenbrücke – schon von Weitem imposant – lockt der **Steverstrand** zur Abkühlung: Vom Steg baumeln die Füße ins Wasser, der Sand ist weich und der Picknicktisch die beste Ausrede, um die Pause genüsslich auszudehnen.

Urbanes Leben und wilde Natur liegen nah beieinander. Erst stehen die Autos vor der Garage, dann die Esel vor ihrem Unterstand. Und was für welche! Wie zottelige Bären sehen die **Poitou-Esel** aus. Mit ihren tierischen Kollegen sind sie für die Pflege der Steveraue zuständig: für die Wiese mit den gelben Tupfern, durch die unauffällig ein Bach mäandert. An ihrem Rand, irgendwo dort, wo die Stever fließen muss, ragen die schwarzen Rücken der Wildrinder aus dem hohen Gras. Unterwegs zur **Aussichtskanzel,** an zutraulichen Rehen vorbei, kommt man ihnen langsam näher. Aber ihre stolzen Hörner halten selbst die Koniks auf Abstand.

Ein letztes Mal sieht man das Floß wie auf Schienen durch die Wiese gleiten, dann geht es durch einen Wald aus Eichen, Buchen und Kiefern Richtung **Füchtelner Mühle.** Kurz vor dem hübschen Fachwerk rauscht die Stever ungestüm um eine kleine Insel, Baumstämme liegen kreuz und quer. Ein Hauch Urwald im münsterländischen Afrika.

WANDERN & GENIESSEN

»START
Parkplatz Naturparkhaus Steveraue

Direkt vom Parkplatz ins lang gestreckte Naturparkhaus gehen.

KM 0,1

Naturparkhaus Steveraue
Die Natur aus der Vogelperspektive sehen

Lust auf Angeln? Im interaktiven Naturparkhaus Steveraue kann man spielerisch viel über das Naturschutzgebiet erfahren.

Das erst 2022 in der alten Scheune der Füchtelner Mühle eröffnete Naturparkhaus ist ein interaktives Besucherzentrum, das die Steveraue als Lebensraum erlebbar machen will. Eine Ausstellung informiert über das Naturschutzgebiet und die Bemühung, den wilden Charakter der Flussaue wiederherzustellen. Im »Nestkino« geht es per Drohnenflug über die Landschaft – ein eindrucksvoller Start für die Wanderung. Wer mag, kann sich hier auch mit Informationsmaterial eindecken und am Fotopoint vorm Eingang ein Erinnerungsfoto mit den tierischen Bewohnern der Steveraue schießen. (www.olfen.de/tourismus/naturparkhaus-steveraue)

Am Parkplatz vorbei dem Schild Kökelsumer Brücke folgen, dann rechts abbiegen zum Floßanleger.

Das Steverfloß ist nichts für Kurzentschlossene, aber auch die Aussichtsplattform am Anleger bietet einen tollen Blick aufs Wasser.

Strandfeeling und im Hintergrund die historische Dreibogenbrücke.

ABKÜHLUNG FÜR MÜDE WANDERFÜSSE

KM 4
3 Steverstrand
Füße ins Wasser – Kurzurlaub

KM 0,5
2 Floßanleger
Sich einfach mal treiben lassen

Bei einer Floßfahrt kann man die Steveraue ganz entspannt vom Wasser aus genießen: Die Tour dauert etwa anderthalb Stunden, Verpflegung darf jeder selbst mitbringen. Man muss allerdings gleich das ganze Floß chartern und die Fahrt weit im Voraus online oder im Naturparkhaus buchen. Abgelegt wird von Mai bis Oktober, Buchungen für die jeweils kommende Saison sind ab dem 1. Dezember möglich. Doch auch für Kurzentschlossene lohnt sich ein Stopp am Floßanleger: Eine dicht bewachsene Aussichtsplattform eröffnet hier einen tollen Blick aufs Wasser. (www.olfen.de/tourismus/flossfahren)

Zurück auf den Weg und an der T-Kreuzung beim Bio-Hof Mehring nach rechts, dann links ab. An der nächsten T-Kreuzung wieder rechts und die Birkenallee überqueren. Dann rechts abbiegen und den Schotterweg hoch zur Alten Fahrt nehmen. Weiter über die Dreibogenbrücke, dann links halten.

Direkt an der Dreibogenbrücke – eine historische Kanalbrücke, die den Dortmund-Ems-Kanal über die Stever leitete und heute einen tollen Ausblick über die Aue bietet – liegt der künstlich angelegte Steverstrand. Besonders beliebt ist die Fläche bei Hundebesitzern, für Menschen ist das Baden hier verboten. Macht aber nichts: Sonne, Sand und Wasser sorgen auch so für Urlaubsstimmung. Man kann hier prima auf den großen Steinen sitzen und die Zehen im warmen Sand vergraben oder die Füße vom Steg ins Wasser baumeln lassen. Wer mit gut gefülltem Rucksack kommt, kann den Picknicktisch nutzen. Ansonsten ist aber auch schon die Terrasse des Restaurants Zum Steverstrand (www.steverstrand.de) in Sichtweite.

Am Biergarten vorbei und rechts ins Wohngebiet. Zwischen den Häusern den schmalen Pfad nach rechts nehmen und den schnurgeraden Weg überqueren. Dann scharf rechts und an der Gabelung links halten.

Ausgiebiges Streicheln der Esel ist erlaubt, Füttern verboten.

KM 7
5 Aussichtskanzel
Koniks und Heckrinder beobachten

Von der Aussichtskanzel sieht man halbwilde Konik- und Heckrinderherden durch die offene Landschaft ziehen. Die Tiere werden weitgehend sich selbst überlassen: Das ganze Jahr über grasen sie – durch einen Zaun von den Besuchern getrennt – auf den Weideflächen. Mit ihrem Lebensrhythmus und Fressverhalten haben die polnischen Wildpferde und die dem Auerochsen ähnlichen Rinder einst landwirtschaftlich genutzte Flächen ohne menschliches Zutun in eine naturnahe Aue verwandelt.

Am Beginn des Wohngebiets rechts abbiegen. Dann die zweite links und rechts auf den Sternbusch. Weiter in den Wald, an der T-Kreuzung rechts, die nächste links. Rechts auf die Kökelsumer Straße und vor der Brücke links halten.

KM 5,5
4 Poitou-Esel
Neue Freundschaften schließen

Poitou-Esel sind nicht nur die schwersten (bis 450 Kilo) und größten (Stockmaß bis 150 cm) Vertreter ihrer Art, sie sind auch die niedlichsten. Das zottelige rötlichbraune Fell, die übergroßen Ohren und nicht zuletzt ihre Neugierde machen sie zu den Lieblingen aller Besucher:innen der Steveraue. Im Jahr 2006 zogen zwei Tiere nach Olfen, seitdem gab es schon mehrfach süßen Nachwuchs – glücklicherweise, denn noch in den sechziger Jahren war die Großeselrasse aus dem Westen Frankreichs massiv vom Aussterben bedroht. Ausgiebiges Streicheln der Poitous ist erlaubt, Füttern verboten.

An der Straße rechts abbiegen, am Skatepark nach links um die Aue. Die Birkenallee überqueren und um das Wildgehege herum nach links. Rechts auf die Steverstraße, dann sofort links abbiegen.

Ein hübsches Fotomotiv: die Füchtelner Mühle.

Von der Aussichtskanzel lassen sich die wilden Bewohner der Steveraue beobachten.

EXTRA INFOS:

Ein paar Kleinigkeiten fürs Picknick am Steverstrand bekommt man beim ● **Bio-Hof Mehring** (www.biohof-mehring.de). Im Hofladen (Do–Sa) gibt es Backwaren, im Selbstbedienungshäuschen kalte Getränke, Käse und Joghurt.

Alternativ kann man auch am Ende der Wanderung im ● **Landhaus Füchtelner Mühle** einkehren. Zu den Spezialitäten des Hauses gehören Wildgerichte und frischer Fisch. (www.fuechtelner-muehle.de)

KM 9,8 » ZIEL
Parkplatz Naturparkhaus Steveraue

KM 9,5
6 Füchtelner Mühle und Steverumflut
Fotostopp zwischen Geschichte und Natur

Die um 1300 erbaute Füchtelner Mühle ist vom zweiten Steverstrand aus ein hübsches Fotomotiv. Die denkmalgeschützten Gebäude gehörten einst zur Wasserburg Haus Füchteln und wurden als voneinander getrennte Öl- und Kornmühle genutzt. Weil die Doppelmühle für Fische ein unüberwindbares Hindernis darstellte, hat die Anlage im Rahmen der Steverauen-Entwicklung im Jahr 2015 eine Umflut erhalten. An dem naturnah gestalteten Wasserlauf, der die Flussabschnitte ober- und unterhalb der Mühle verbindet, kann man schön auf der Bank sitzen und dem Wasser lauschen.

Den Steverstrand links liegen lassen, an der Straße links abbiegen und am Landhaus Füchtelner Mühle nach rechts Richtung Parkplatz.

An der Pumpe kann man selbst ausprobieren, wie sich ein naturnaher Wasserlauf verhält.

AUF EINEN BLICK

- **Start/Ziel:** Parkplatz Naturparkhaus Steveraue, Kökelsumer Straße 66a, Olfen (nächstgelegene Bushaltestelle: Olfen Friedhof, Linie X90/S90/S91; Toureinstieg bei den Poitou-Eseln)
- **Strecke:** 9,8 km (Rundtour)
- **Reine Wanderzeit:** 2 Std. 30
- **Höhenmeter:** ↗ 30 m ↘ 30 m
- **Wegbeschaffenheit:** Viel Asphalt, hier und da Splitt, gegen Ende auch Waldboden.
- **Beste Zeit:** Im Juli sieht man die jungen Störche auf den Horsten stehen und ihre Flugübungen machen, mit etwas Glück gibt es dann auch Eselfohlen zu bestaunen. Die Saison für das Steverfloß geht von Mitte Mai bis Anfang Oktober.
- **Ausrüstung:** Fernglas oder Kamera mit Teleobjektiv zur Tierbeobachtung, Strandtuch für den Steverstrand, Picknick.

DIE WANDERPAUSEN

» START
Parkplatz Höxberg

KM 0,5
① Picknickplatz Höxberg
Die Aussicht genießen

KM 5,5
② Pflaumenallee
Leckere Auszeit

KM 9
③ Blaue Lagune
Fotostopp mit Urlaubsstimmung

EIN 20 HAUCH VON KARIBIK

Zur Blauen Lagune & auf den Höxberg in Beckum

Die Bahamas, Jamaika, Kuba? Das türkisfarbene Wasser der Blauen Lagune macht jedem Katalogfoto Konkurrenz. Und während in den Tropen Ananas und Kokosnüsse im Überfluss wachsen, hängen in Beckum Äpfel und Pflaumen, Johannis- und Brombeeren an Bäumen und Sträuchern. Karibik trifft Schlaraffenland.

KM 11
4 Werse
Pause am Fluss

KM 15
5 Tiergehege am Höxberg
Rehe und Mufflons besuchen

KM 15,4 » ZIEL
Parkplatz Höxberg

WIE EINE INSEL ...

 ... liegt der Parkplatz mit der Soestwarte, einem Überbleibsel der mittelalterlichen Landwehr, mitten im Wald auf dem Höxberg. Beckums Höhepunkt – zumindest in Zahlen – bietet vom **Picknickplatz** eine schöne Vorschau auf das, was kommt: einen leicht gewellten Flickenteppich aus Wiesen, Wäldern, Feldern.

Zuerst gehört die Bühne den Bäumen. Sie stehen jetzt enger am Pfad, es knarzt deutlich hörbar. Doch schon bald schmiegen sich Felder an den Waldrand. Dichte Brombeersträucher und goldenes Getreide soweit das Auge reicht. Erst an die **Pflaumenallee** rücken die Häuser näher heran und man ertappt sich prompt beim Gedanken, wie schön es wohl sein mag, hier zu wohnen – und zu naschen –, direkt am Pflaumen-Schlaraffenland.

WENN UNVERHOFFT DIE BLAUE LAGUNE ZWISCHEN DEN BÜSCHEN AUFTAUCHT

Zeit für etwas Neues, das kündigt die Luft an. Kühler und frischer ist sie am Werseradweg, auch wenn vom Bach gar nicht viel zu sehen ist. Filzkletten in knalligem Pink wachsen hier, die geschlossenen Blüten sehen aus wie kleine Bällchen aus Zuckerwatte. Und gerade wenn man sich über die nahe A2 ärgern will, da geben die Büsche den Blick frei auf das Tropenparadies des Münsterlands. Herrlich türkis glitzert die **Blaue Lagune** in der Sonne. Inseln schwimmen im Wasser, ganz klar, jeden Moment muss ein schneeweißer Karibikstrand auftauchen. Doch so plötzlich der See gekommen ist, so schnell ist er auch wieder verschwunden.

Die Urlaubsstimmung hallt dafür lange nach. Die Füße sind leicht, die Johannisbeeren am Weg roter, als man sie je gesehen hat, und der nächste Abschnitt der **Werse** erinnert doch irgendwie stark an einen Urwald. Kaum schafft es die Sonne durchs Grün, sogar eine Nutria schwimmt vorbei.

Der Westpark und die angrenzenden Biotope wirken dagegen aufgeräumt. Erst recht die Pflaumenallee: Stroh, Bäume und Schäfchenwolken wie aus dem Tuschkasten. Hinter den Feldern führt eine Anhöhe erst auf den Staufer-, dann den Höxberg. Auf einer Lichtung taucht eine alte Windmühle auf. Dick und weiß kündigt sie an, dass es nun nicht mehr weit ist. Schon hinter der nächsten Straße wartet das Empfangskomitee: Mufflons, Rehe und Ziegen im **Tiergehege am Höxberg.**

Goldenes Getreide so weit das Auge reicht.

Immer der Nase nach oder doch lieber dem großen X folgen?

Der alte Wagen mit seiner Blütenpracht passt perfekt zur Windmühle auf dem Höxberg.

WANDERN & GENIESSEN

» START
Parkplatz Höxberg

An der Soestwarte links vorbei und links in den Fußweg durch den Wald.

KM 0,5
1 Picknickplatz Höxberg
Die Aussicht genießen

Frischhaltebox dabei? Naschen ist an der Pflaumenallee erlaubt.

Mit immerhin 162 Metern über Normalnull ist der Höxberg die höchste Erhebung der Beckumer Berge. Das flache Münsterland liegt einem hier also wortwörtlich zu Füßen. Auch wenn es für eine Essenspause noch zu früh ist, sollte man den Picknickplatz am Waldrand deshalb nicht verpassen. Der Aussichtspunkt bietet einen tollen Blick auf die Parklandschaft aus Wiesen, Feldern und Wäldern. Hier kann man gemütlich draußen vor der Hütte oder vor Sonne und Regen geschützt unter dem Dach sitzen und erstmal ordentlich durchatmen.

Zurück und links die Treppe runter. An den Reckstangen rechts, dann bis zur Wiese links halten. Rechts die Landstraße hoch, in der Kurve scharf links. Am Backsteinhaus rechts. Zwei Straßen überqueren, an der dritten Straße links und hinter »Dalmer« links in den Fußweg. Nach dem Unterstand rechts und weiter auf die Landwirtschaftsstraße. Vorm Ortseingangsschild links auf die Pflaumenallee.

Auf dem Höxberg liegt einem das Münsterland im wahrsten Sinne des Wortes zu Füßen.

KM 5,5
② Pflaumenallee
Leckere Auszeit

Ein lila Bogen säumt Beckums südlichen Stadtrand: Stolze 3,75 Kilometer lang ist die Pflaumenallee, die von 1948 bis in die siebziger Jahre hinein gepflanzt wurde, teils einseitig, teils beidseitig als klassische Allee. Bei einer ersten Kartierung im Jahr 1990 zählte man 546 Pflaumenbäume, nach einigen Sturmschäden sind inzwischen Hunderte weitere hinzugekommen. Besonders hübsch anzusehen ist der Spazierweg zur Blütezeit im Frühjahr, von zahlreichen Bänken lässt sich das Blütenmeer dann bewundern. Doch auch im Spätsommer lohnt eine saftige Auszeit: Dann sind Königin Viktoria, Graf Althans Reneklode und Co. reif und lecker – am Naschobst frisch vom Baum darf sich jeder bedienen.

Rechts auf Alter Hammweg, links auf Weidenweg und geradeaus in den Fußweg. Weiter auf die Oppelner Straße, dann rechts auf Grottkauer und links auf Altlomnitzer Straße. Links halten, in der Kurve rechts in den Wald. Am Unterstand links, dann rechts über die Werse und die Landstraße überqueren. Am Schlagbaum rechts.

Verführerisch wie die Karibik, aber Baden ist in der Blauen Lagune leider nicht erlaubt.

KM 9
③ Blaue Lagune
Fotostopp mit Urlaubsstimmung

Eigentlich liegt in Beckum der Dyckerhoff-See, aber weil das nicht einmal halb so schön klingt und dem knall-türkisfarbenen Wasser in keiner Weise gerecht wird, sprechen die Beckumer lieber von ihrer »Blauen Lagune«. Tatsächlich handelt es sich bei dem kleinen Stück Karibik um den rekultivierten ehemaligen Steinbruch West, heute ein Naturschutzgebiet, in dem das Baden leider nicht erlaubt ist. Dafür bleibt mehr Zeit zum Fotografieren: Tolle Perspektiven, die Zuhause garantiert jeden neidisch machen, gibt es in Hülle und Fülle. Der Wanderweg führt zwischen einem Biotop- und einem Landschaftssee hindurch. Da hier auch die »Zementroute« verläuft, informiert eine Tafel am Picknickplatz über Beckums Vergangenheit als eines der größten Zementreviere der Welt.

Wenn die ersten Häuser auftauchen, rechts ab, die Straße überqueren und weiter geradeaus. Die Ahlener Straße überqueren und geradeaus auf An der Wersemühle, vor dem Mühlenteich links ab.

Im Zementmuseum kann man in die Industriegeschichte der Stadt eintauchen.

KM 11

4 Werse
Pause am Fluss

Die Werse windet sich in einem Bogen um Beckums Süden. Früher als Graben vor der Stadtmauer zur Verteidigung genutzt, kommen der Bach und seine Ufer heute als idyllisches grünes Band daher, das mit Beginn des zweiten Jahrtausends in mehreren Bauabschnitten naturnah entwickelt wurde. Betonfundamente und Sohlverschalungen wurden entfernt, neue Bachverläufe angelegt und Auenlandschaften geschaffen. Eine besonders schöne Pause am Stadtbach kann man auf dem tiefer gelegten »Erlebnisweg« machen: Hier begegnen Wandernde der Werse und ihren Bewohnern – ob Enten oder Nutrias – auf Augenhöhe und die Linden am Wegrand sorgen für angenehmen Schatten.

Links auf den Werseweg und weiter in den Park. Hinter der Brücke scharf rechts, hinter der nächsten Brücke links. Am Seniorenzentrum vorbei über die Straße, am Biotop rechts halten und an der T-Kreuzung links auf die Pflaumenallee. Die dritte Möglichkeit rechts, dann immer links halten. An der Mühle links ab und am Restaurant die Straße überqueren.

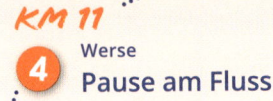

Die Werse ist ein idyllisches grünes Band, in dem sogar Nutrias leben.

Neben allerlei Vierbeinern sind auf dem Höxberg auch heimische und exotische Vögel zu Hause.

EXTRA INFOS:

Schon vor der Pflaumenallee kann man auf dem Göttfricker Weg Brombeeren pflücken und auf der ● **Bank** eine Pause mit Blick auf das Holcim-Zementwerk einlegen.

Näher dran an Beckums Industriegeschichte ist man im ● **Zementmuseum** (www.zement-museum.de) am Westpark, das allerdings nur jeden ersten Sonntag im Monat geöffnet ist. Einkehren kann man auch auf dem etwa 500 Meter entfernten ● **Marktplatz.** Oder eher eine Abkühlung gefällig? Unweit der Route liegt auch das ● **Freibad Beckum.**

KM 15,4 » ZIEL
Parkplatz Höxberg

KM 15
Tiergehege am Höxberg
Rehe und Mufflons besuchen

Zuerst grüßen die Kaninchen, Esel, Fasane und Hühner. Doch das 14 Hektar große Tier- und Wildgehege auf dem Höxberg bietet auch Rehen, Ziegen und Mufflons ein Zuhause. Zwar bitten Schilder darum, die Tiere nicht zu füttern, gegen ein bisschen Salat oder Gemüse haben die Tierpfleger:innen allerdings nichts einzuwenden. Ansonsten ist es aber auch wunderbar entspannend, die Bewohner in ihrer naturnahen Umgebung einfach nur zu beobachten. Jenseits des Spielplatzes gibt es außerdem ein Rundhaus mit Volieren voller heimischer und exotischer Vögel. (www.beckum.de)

Um die Wildgehege herum zurück zum Parkplatz.

Gegen etwas Salat haben weder die Kaninchen noch die Pfleger:innen im Tiergehege etwas einzuwenden.

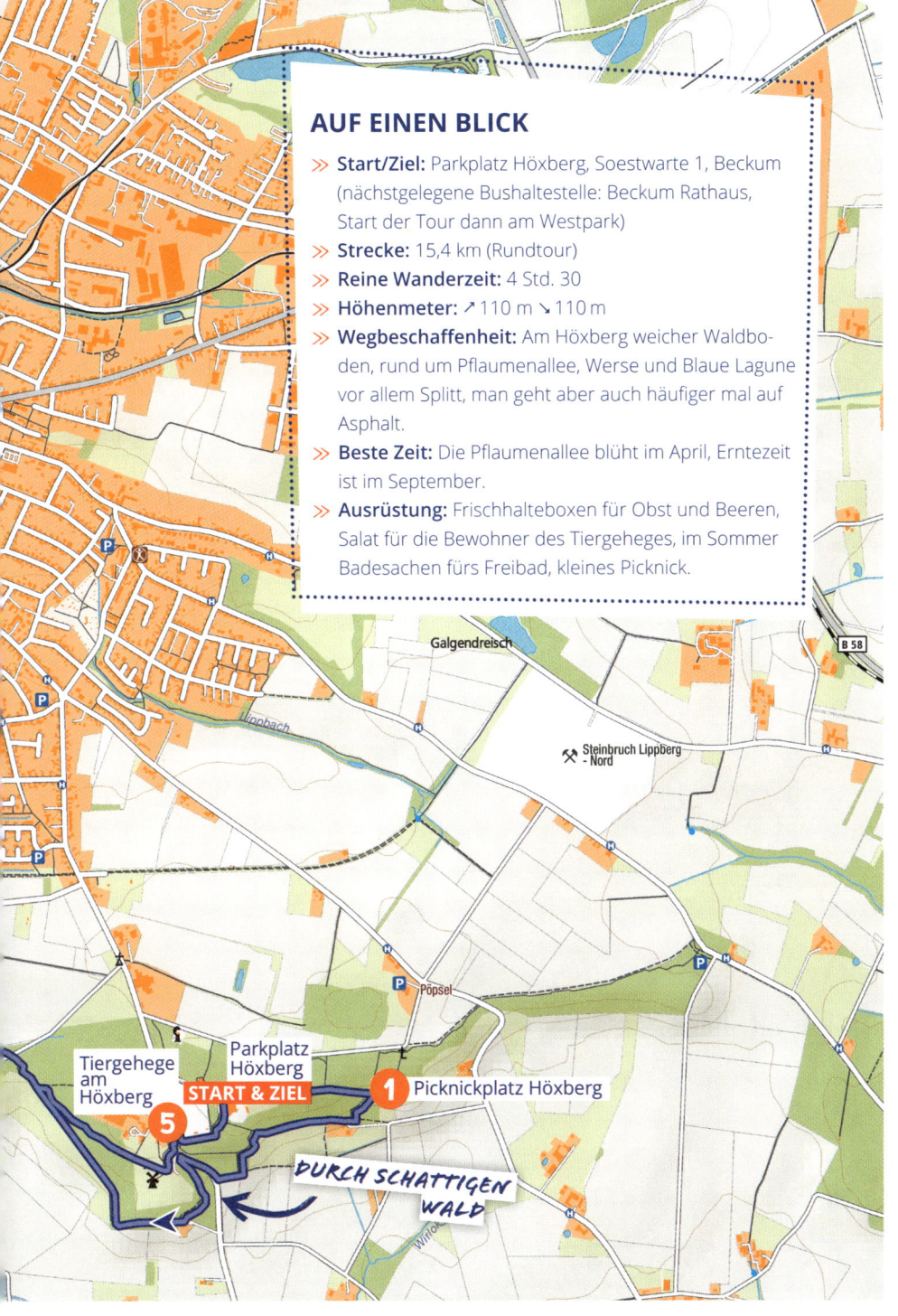

AUF EINEN BLICK

>> **Start/Ziel:** Parkplatz Höxberg, Soestwarte 1, Beckum (nächstgelegene Bushaltestelle: Beckum Rathaus, Start der Tour dann am Westpark)
>> **Strecke:** 15,4 km (Rundtour)
>> **Reine Wanderzeit:** 4 Std. 30
>> **Höhenmeter:** ↗110 m ↘110 m
>> **Wegbeschaffenheit:** Am Höxberg weicher Waldboden, rund um Pflaumenallee, Werse und Blaue Lagune vor allem Splitt, man geht aber auch häufiger mal auf Asphalt.
>> **Beste Zeit:** Die Pflaumenallee blüht im April, Erntezeit ist im September.
>> **Ausrüstung:** Frischhalteboxen für Obst und Beeren, Salat für die Bewohner des Tiergeheges, im Sommer Badesachen fürs Freibad, kleines Picknick.

AUCH NOCH GANZ NÜTZLICH

- » Ortsregister — Seite 216
- » Impressum — Seite 217
- » Immer wissen, wo's langgeht (GPX-Download) — Seite 218
- » Weiterwandern — Seite 220
- » Anti-Rucksack-Autsch-Übungen — Seite 222
- » Die perfekte Tour — Seite 224

ORTSREGISTER

Aasee-Terrassen 110
Almhütte am Hockenden Weib 31
Aussichtsturm Melchenberg 159

Beckum 209
Bergeshöveder Steg 19
Berghotel Hohe Mark 158, 161
Bevergern 18, 21
Bevergerner Pättken 19
Billerbeck 91
Bio-Hof Mehring 201
Biologische Station Rieselfeld 81
Biologische Station Zwillbrock 68, 71
Bismarckturm 41
Blaue Lagune 209
Bocholter Aa 140
Borken 148, 151
Brennerei Josef Druffel 180
Brochterbecker Mühlenbach 29
Burg Ascheberg 51
Burgberg 181
Burg Hülshoff – Center for Literature 99
Burg Lüdinghausen 191
Burgsteinfurt 48, 51
Burg Vischering 188, 191

Café Heinrichs 181
Coesfeld 88

DBU-Naturerbefläche Borken 148
Der Forellenhof 149
Deutsches Olympiade-Komitee für Reiterei 129
Dinkelhof 189
Dinxperlo 139
Dinxperloer Marktplatz 141
Dörenther Klippen 28, 30, 31
Dortmund-Ems-Kanal 170
Dreikaiserstuhl 30
Droste-Denkmal 98
Droste-Museum 99

Emsaue 119
Emshof 121
Emsseepark 130
Evangelische Kirche Suderwick 138, 141

Fliegerbergwiese 149
Freibad Beckum 211
Füchtelner Mühle 201

Gasthof Zur Bever 121
Gaststätte Franz 41
Gaststätte Heidekrug 81
Gaststätte Schöttler 159
Giant Pool Balls 108
Gipfelkreuz Tannenbültenberg 151
Grenslandmuseum 139
Grenz-Büdeken 139
Großer Kreuzweg 179
Große Schleuse 18

Haus Hüerländer 101
Haus Kump 109
Haus Langen 120
Haus Rüschhaus 98, 101
Haus Vögeding 100
Hexenhöhle 20
Historisches Rathaus, Münster 111
Hof Grothues-Potthoff 169
Hollicher Mühle 49
Hotel-Restaurant Haus Waldesruh 151
Höxberg 208, 211

Klatenberger Heide 121
Kloster Gerleve 89
Kloster Gravenhorst 21
Klutensee 190
Kolvenburg 91
Königstein 30
Kreuzweg 119
Kriegsgräberstätte Dörenther Klippen 28

Landhaus Füchtelner Mühle 201
Lebensmittelpunkt 61
Lengericher Steinbruch 60
Levedags Mühle 21
Liebesbuche 160
Lohwall 128, 131
Ludgerirast 89
Ludgerus-Dom 91
Lusthäuschen, Leedener Berg 59

Moro 112 111
Mühlenhof-Freilichtmuseum 109
Münster 108

Nasses Dreieck 19
Naturdenkmal Lünsberg-Eiche 150

Naturpark De Leemputten 71
Naturparkhaus Steveraue 198, 201
Niedermühle 50
Nordrhein-Westfälisches Landgestüt 129

Obstsortenmuseum Fliehburg 29
Ostenstever 189

Paulusdom 111
Pflaumenhof Stemich 178

RELíGIO 121
Restaurant Kloppendiek 71
Restaurant und Café Haak en Hoek 70
Rieselfeldhof 78, 81
Rieselwärterhäuschen 79
Rolandsgrab 38

Schloss Münster 111
Schloss Senden 171
Schwäbischer Gasthof Dörenther Klippen 31
Skulpturenpark, Lengerich 58, 61
Steverstrand 199
Steverumflut 201
St.-Franziskus, Zwillbrock 71
Stiftschänke Schwermann 61
Stiftsdorf Leeden 59
Stromberg 178, 181
Suderwick 139
Suderwicker Dorfplatz 138, 141
Surkse Backhüs 141
Sweet Petites by Steffi 51

Tecklenburg 41
Telgte 118, 121
Turmwindmühle 161

Venner Moor 168, 171

Waldkapelle Holthausen 40
Wanderhütte Max und Moritz 58
Wasserschloss Burgsteinfurt 48
Werse 210
Westkanzel 71
Westpreußisches Landesmuseum 131
Wewerka-Pavillon 110

Zementmuseum 211

IMPRESSUM

» **Text:**
Mona Contzen

» **Cover- und Buchgestaltung:**
Carolin Weidemann, Köln, www.weidemann-design.com

» **Lektorat & Produktion:**
Ronit Jariv, Köln, www.derschoenstesatz.de

» **Projektmanagement:**
Susanne Heimburger, Tamara Siedler

» **Fotos:**
Titelfoto: Münsterland e.V. / Philipp Fölting; Fotos Innenteil: Mona Contzen mit folgenden Ausnahmen: Monika Kaup für FN-Archiv (S. 129); Shutterstock.com: Vankich1 (S .142)

» **Kartografie:**
©KOMPASS-Karten GmbH, kompass.de unter Verwendung von ©OpenStreetMap Contributors, osm.org/copyright

» **S. 222 / 223:**
Marie Geißler (Illustration), Jens Bey (Text)

Alle Angaben ohne Gewähr. Alle Rechte vorbehalten. Das Werk einschließlich aller seiner Teile ist urheberrechtlich geschützt und darf weder kopiert, vervielfältigt, nachgeahmt oder in anderen Medien gespeichert werden, noch darf es in irgendeiner Form oder mit irgendwelchen Mitteln – elektronisch, mechanisch oder in anderer Weise – weiterverarbeitet werden.

Printed in Poland

1. Auflage 2024
© 2024 DuMont Reiseverlag, Ostfildern
ISBN 978-3-616-03271-9

www.dumontreise.de

FSC
www.fsc.org
MIX
Paper from responsible sources
FSC® C139602

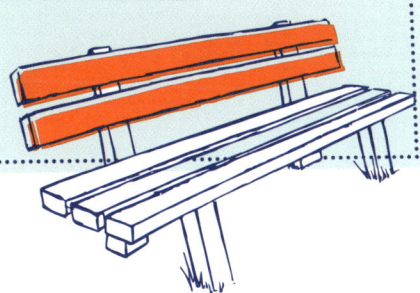

RECHTS ODER LINKS? IMMER WISSEN, WO'S LANGGEHT!

>> **TOURENVERLAUF**
GPX-Daten zum kostenlosen Download
www.dumontreise.de/wanderzeit/
muensterland

GPX-DOWNLOAD AUFS SMARTPHONE – SO GEHT'S

>> **Voraussetzung:**
Eine Outdoor-App muss installiert sein, z. B. KOMPASS, Outdooractive oder Komoot. Zum Einlesen des QR-Codes benötigen ältere Android-Geräte eine QR-Code-App. Bei neueren Android- und iOS-Geräten ist diese Funktion in der Kamera integriert.

>> **Daten downloaden:**
1. Den QR-Code einlesen oder die Webadresse im Browser eingeben, um auf die Wanderzeit-Website zu gelangen.
2. Die gewünschte Tour zum Download anklicken.
3. Bei iOS-Geräten werden die GPX-Daten direkt mit der vorab installierten App verknüpft. Bei Android-Geräten muss ggf. noch ein Weiterleiten-Button geklickt werden (z. B. rechts oben im Display). Manche Apps zeigen den Tourverlauf starr an, andere haben eine Navigationsfunktion dabei.

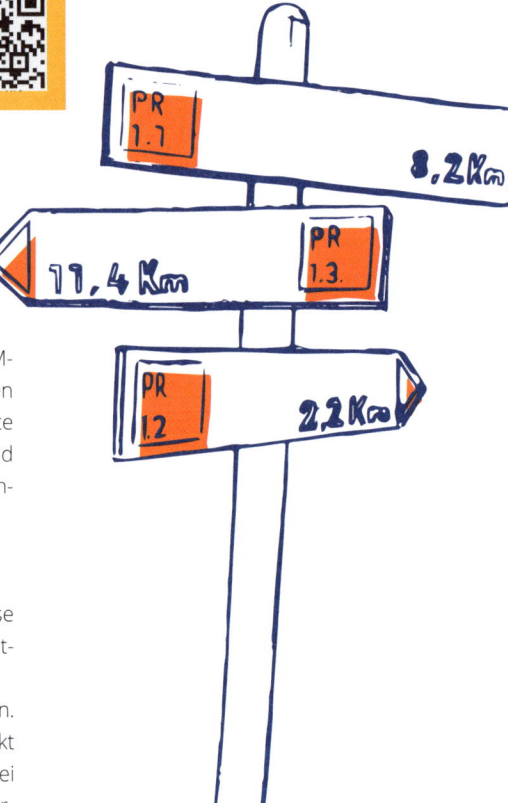

WEITERWANDERN ...

ISBN 978-3-616-03232-0

ISBN 978-3-616-03267-2

ISBN 978-3-616-03230-6

ISBN 978-3-616-03228-3

ANTI-RUCKSACK-AUTSCH-ÜBUNGEN

1. Kreise 30 Sekunden mit den Schultern nach hinten und unten.

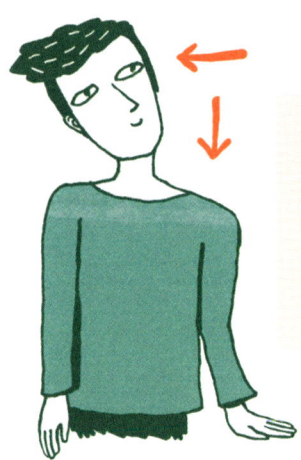

2. Den Nacken ziehst du in Form, indem du den Kopf langsam, ohne ihn zu verdrehen, zur rechten Schulter neigst. Den linken Arm schiebst du dabei langsam nach unten, die Handfläche zeigt zum Boden. Ruhig atmen, 15 Sekunden halten, dann wechselst du die Seite.

3. Die Brust entspannt sich, wenn du deine Arme seitlich nach hinten bewegst, mit den Handflächen zur Decke. 15 bis 20 Sekunden lang in der Dehnung bleiben und dabei kein Hohlkreuz machen.

4. Die Schulterbrücke stärkt den Rücken. Lege dich auf einer Matte auf den Rücken, stelle die Beine hüftbreit auf, die Arme liegen gerade am Boden. Dann hebst du das Becken an, sodass der Körper eine gerade Linie bildet. Absenken und wieder anheben.

5. Prima Päckchen: Ziehe die Knie zur Brust heran, umfasse sie mit den Händen und atme aus. Lockere die Knie etwas und ziehe sie wieder heran. Das dehnt die Muskulatur an der Wirbelsäule und macht dich wieder beweglicher.

6. Zum Schluss entspannst du ein paar Atemzüge auf dem Rücken, Arme und Beine locker von dir gestreckt.

DIE PERFEKTE TOUR ...

#FÜR SONNENHUNGRIGE

Wiesen, Blumen, Felder: An der wilden Steveraue ist Schatten Mangelware. Erst mit ordentlich Sonne im Tank kommen auf den letzten Metern ein paar Bäume.

>> **TOUR 19, S. 194**

#FÜR NEUGIERIGE

Wie sieht es in einem Gestüt aus und wo trainieren Olympia-Teilnehmer:innen? Hier blickt man hinter die Kulissen des Pferdesports. Nicht nur für Fans interessant!

>> **TOUR 12, S. 124**

#FÜR WASSERRATTEN

Erst machen die idyllischen Bachlandschaften Lust aufs Wasser. Für die richtige Abkühlung an heißen Tagen sorgt dann der herrlich natürliche Klutensee.

>> **TOUR 18, S. 184**

#FÜR LECKERMÄULER

Auf dem Pflaumenwanderweg ist der Name Programm: Fruchtiges Mus im Hofladen, ein Likör in der Brennerei, Kuchen im Café. Nicht nur zur Erntezeit ein Genuss!

>> **TOUR 17, S. 174**

#FÜR FAULE

Flacher wird's nicht: In den Rieselfeldern verteilen sich auf nur 7,4 Kilometer läppische zehn Höhenmeter. Und für müde Füße gibt's jede Menge Bänke.

>> **TOUR 7, S. 74**